Ragnar Ohlsson

Und der Sinn
des Lebens?

Aus dem Schwedischen von
Angelika Kutsch

Deutscher Taschenbuch Verlag

Ungekürzte Ausgabe
In neuer Rechtschreibung
März 2001
2. Auflage Mai 2004
Deutscher Taschenbuch Verlag GmbH & Co. KG,
München
www.dtv.de
© 1998 Ragnar Ohlsson
Titel der Originalausgabe:
›Meningen Med Livet‹
(Alfabeta Bokförlag AB, Stockholm 1998)
© 1999 der deutschsprachigen Ausgabe:
Carl Hanser Verlag, München · Wien
Umschlagbild: © Quint Buchholz
Satz: Satz für Satz. Barbara Reischmann, Leutkirch
Druck und Bindung: Druckerei C. H. Beck, Nördlingen
Gedruckt auf säurefreiem, chlorfrei gebleichtem Papier
Printed in Germany · ISBN 3-423-62044-7

Inhaltsangabe

Erstes Kapitel, in dem sich Arvid und Maria an einer Hausbesetzung beteiligen und sich über die Sicherheit der Zukunft unterhalten

Arvid starrte in das Feuer, das auf dem Schotterweg brannte. In dem besetzten Haus war es still. Alle schliefen, nur er nicht. Seine Gedanken zuckten ein bisschen hierhin und dahin, ungefähr wie die Flammen des Feuers. Aber allmählich konzentrierten sie sich auf die Frage: Was soll ich mit meinem Leben machen?

Arvid war achtzehn. Bis gestern war er aufs Gymnasium gegangen. In der Dämmerung – es war Ende April – hatten er und zweiundzwanzig andere Mitglieder der Umweltgruppe *Die Masken* das letzte Haus in einer Reihe von kleinen Villen in Häggvik, einem Vorort von Stockholm, besetzt. Es stand der geplanten Umgehungsstraße im Weg. Heute hätte es abgerissen werden sollen, um den Maschinen des Straßenbauamtes Platz zu machen. Aber als der Baggerführer um sieben Uhr kam, fand er das Haus besetzt vor, sah zwischen den Apfelbäumen aufgespannte Transparente mit Parolen gegen zunehmenden Verkehr und wurde von den Umweltschützern mit Pfefferkuchen und Kaffee in Empfang genommen. Er fuhr nach Hause und verzichtete auf den Auftrag. Die Polizei hatte kurz vorbeigeschaut, jedoch nicht eingegriffen. So weit war alles gut gegangen.

Jetzt schliefen die Hausbesetzer, eingehüllt in ihre Schlafsäcke, in einem riesigen Durcheinander auf dem Fußboden. Arvid hatte Wache. Er tastete in seiner Jackentasche nach der Trillerpfeife und dem Handy um sich zu überzeugen, dass alles noch da war. Falls sich Polizei näherte, sollte er Alarm schlagen. Aber alles war ruhig.

Was soll ich aus meinem Leben machen?, dachte Arvid. Er versuchte sich vorzustellen, er sei fünfzig und blicke zurück. Als ich achtzehn war, habe ich ein Haus besetzt, um gegen den wachsenden Autoverkehr zu protestieren. Aber dann sah er nichts mehr. Ein leeres Bild. Er konnte sich die zweiunddreißig Jahre bis fünfzig nicht vorstellen. Als ich achtzehn war, bin ich von der Schule abgegangen, überlegte er. War das heute, als ich geschwänzt und dieses Haus besetzt habe? Oder kehre ich morgen oder nächste Woche wieder in die Schule zurück?

Er würde nicht wieder hingehen, das spürte er. Er hatte sich entschieden an der Besetzung teilzunehmen, solange sie nötig war. Wenn die Polizei sie beendete, würde er mit dem Zelt wiederkommen. Er würde versuchen sich den Straßenbaumaschinen mit seinem eigenen Körper in den Weg zu stellen.

Aber ich kann es mir ja auch noch anders überlegen. Oder ist schon jetzt klar, wofür ich mich morgen entscheiden werde? Er versuchte sich selbst zu prüfen um zu sehen, wie fest seine Entscheidung war. Doch er sah schnell ein, dass er, selbst wenn er heute den Kampf gegen die globale Umweltzerstörung für das Wichtigste hielt und ihm sein Leben widmen wollte, morgen anders denken könnte. Ihm könnte eine bessere Möglichkeit einfallen die Natur zu schützen. Oder vielleicht würde er denken, dass es keine besondere Rolle spiele, was ausgerechnet er tat – schließlich gab es außer ihm noch fünf Milliarden andere Menschen.

Aber *alle* sollten doch den Kampf dafür, dass die Erde nicht noch weiter zerstört wurde, an die erste Stelle setzen. Ohne eine bewohnbare Erde war nichts mehr wichtig. Er begriff nicht, wieso das nicht jeder einsah und danach handelte. Wenn aber jeder alles tun sollte, was er konnte, um die Erde zu verteidigen, dann musste das auch für ihn gelten. Also müsste auch er tun, was er konnte.

Der Gedankengang wirkte tragfähig. Er kannte jedoch viele, die all das durchaus einsahen und trotzdem keinen aktiven Beitrag leisteten. Er könnte wie sie werden. Oder nicht? Könnte er beschließen anderen den Kampf gegen den Autoverkehr zu überlassen und sich eine vernünftige Ausbildung und einen guten Job beschaffen? Klar, natürlich *könnte* er. Aber er wollte nicht.

Konnte er seinen Willen ändern? Ihm fiel ein, wie er als Neunjähriger plötzlich angefangen hatte über die Freiheit des Willens nachzudenken. Immer wieder hatte er die Tür zu seinem Zimmer geöffnet und geschlossen. Er begriff, dass, wenn er die Tür offen ließ, es deshalb geschah, weil er entschieden hatte, sie offen zu lassen. Wenn er sie stattdessen schloss, dann hatte er entschieden, sie zu schließen. Und mit dieser Erkenntnis hatte er die Tür schließlich wütend zugeknallt. Bestimmt gab es auch dann einen Grund dafür, dass er dies oder jenes getan hatte, wenn er den Grund selbst nicht kannte.

War es überhaupt vorstellbar, dass etwas ohne Grund geschah? Es musste doch einen Grund geben, dass die Tür geschlossen oder geöffnet wurde. Klar, er war der Grund, dass die Tür geschlossen wurde. Aber war er selbst nicht nur ein Glied in einer Kette von Gründen? Wenn er nicht angefangen hätte über seine Freiheit nachzudenken, hätte er nicht angefangen, die Tür zu öffnen und zu schließen. Die Ursache dafür, dass er es getan hatte, lag darin, dass er über die Freiheit des Willens nachdachte. Aber was hatte ihn auf den Gedanken gebracht? Er konnte sich nicht mehr erinnern.

Wenn sich seine Eltern nicht begegnet wären und ineinander verliebt hätten, säße er jetzt nicht hier. Und wenn ihre Eltern sich nicht ... Plötzlich wurde ihm klar, dass seine Vorfahren die Pest im Mittelalter überlebt haben mussten. Er lachte auf, ihm wurde schwindelig bei dem Gedanken an die Ursachenkette, die weit hinter das Mittelalter zurück reichte.

»Worüber lachst du?« Das war Maria, die nicht schlafen konnte in dem überfüllten Haus. Die Luft war stickig und manche schnarchten mit offenem Mund.

»Mir ist gerade aufgegangen, dass wir nicht hier säßen, wenn nicht deine und meine Vorfahren im Mittelalter die Pest überlebt hätten.«

»Woher weißt du, dass sie sie überlebt haben?«, fragte Maria. Doch die Antwort wurde ihr sofort klar und sie fragte weiter: »Warum hast du daran gedacht?«

»Eigentlich hab ich über die Zukunft nachgedacht. Ich hab überlegt, ob sie genauso festgelegt ist wie die Vergangenheit.«

»Kann sie doch gar nicht. Die Zukunft hängt davon ab, was wir jetzt machen. Wir haben dieses Haus doch besetzt, um die Zukunft zu verändern.«

»Können wir die Zukunft wirklich verändern? Wenn das, was wir tun, Auswirkungen hat und die Zukunft beeinflusst, dann sind wir es ja, die die Zukunft bestimmen. Diese und keine andere.«

»Na ja, vielleicht nicht verändern, aber beeinflussen. Die Zukunft wird das, was wir aus ihr machen. Sonst würde ich nicht gegen Umweltzerstörung und Rassismus kämpfen. Wenn ich der Meinung wäre, dass es keine Rolle spielt, was wir machen, würde ich drauf pfeifen mich zu engagieren.«

»Natürlich beeinflussen wir die Zukunft mit dem, was wir tun. Aber ich hab eigentlich darüber nachgedacht, ob wir überhaupt etwas anderes tun können als das, was wir tatsächlich tun. Ist es nicht eine Kombination aus genetischem Erbe und Erfahrungen, die uns zu dem macht, was wir sind? Und da wir nun mal sind, wie wir sind, und die Welt aussieht, wie sie ist, vielleicht können wir gar nichts anderes tun als das, was wir tun.«

»Meinst du, die Weltgeschichte ist schon beim Urknall vorbestimmt gewesen? Gemäß den Naturgesetzen und der Verteilung von Materie und Energie folgt daraus unwiderruflich, dass nichts anderes passieren konnte: Pesttod und Vernichtung und dass du und ich hier sitzen und miteinander reden? Sollte wirklich alles, was passiert, bis ins kleinste Detail vorbestimmt sein?«

»Irgendwas in der Art. Es ist so schwer, sich vorzustellen, dass etwas ohne jede Ursache passiert. Und wenn die Ursache da ist, muss die Auswirkung folgen. Also passiert alles mit einer Art Notwendigkeit. Wenn man zurückblickt und zu erklären versucht, warum alles so wurde, wie es ist, dann setzt man voraus, dass es Ursachen gab, die vorher bestimmten, was passierte. Muss es jetzt nicht auch so sein? Dann ist die Zukunft eigentlich genauso vorbestimmt wie die Vergangenheit.«

»Das kann ich nicht glauben. Wir sehen doch mehrere Alternativen. Meinst du nicht, dass wir uns irgendwie entscheiden *müssen*? Wir sehen, dass wir eine Sache so oder so anpacken können. Ich fand es da drinnen stickig und ich hab gehört, wie Johan und noch jemand schnarchte. Draußen ist es kalt, das wusste ich. Ich hatte die Wahl in der Wärme liegen zu bleiben und dem Schnarchen zuzuhören oder eine Weile rauszugehen und zu frieren und einen Zug von der Zigarette zu nehmen. Ich hab mich *entschieden* rauszugehen, aber ich *hätte* auch entscheiden können liegen zu bleiben.«

Maria holte ihre Schachtel Camel hervor, schüttelte eine Zigarette heraus und zündete sie an.

»Hättest du das Rauchen auch lassen können?«, fragte Arvid.

»Klar. Ich weiß ja, dass es nicht gesund ist. Aber es tut gut und in diesem Augenblick brauch ich es. Ich hab mich entschieden zu rauchen.«

»Wenn du noch ein paar Jahre so weitermachst, wird es schwerer, damit aufzuhören, das sagen alle. Kannst du dich dann immer noch entscheiden?«

»Klar wird es schwerer. Aber wenn ich mich entscheide aufzuhören, dann tu ich es.«

Arvid streckte die Hand nach der Schachtel aus und nahm sich auch eine Zigarette. Sie rauchten eine Weile schweigend. Als sie die Kippen ausdrückten, sagte Arvid:

»Das war die Letzte in meinem Leben.«

»Willst du tatsächlich auf einmal aufhören um Zigaretten zu betteln?«, zog Maria ihn auf. Sie wusste ja, dass er nie eigene besaß und trotzdem oft rauchte.

»In diesem Augenblick hab ich beschlossen mit dem Rauchen aufzuhören. Mal sehen, ob ich es entscheiden und mein Leben beeinflussen kann.«

»Natürlich kannst du das. Wenn du nicht entscheiden könntest, was du tun willst – wenn alles, was du denkst, im Voraus bestimmt wäre –, dann könnte man ja niemals sagen, dass jemand richtig oder falsch gehandelt hat.«

»Warum nicht? Auch wenn wir nichts anderes tun können als das, was wir tun, ist doch wohl manches gut und anderes schlecht. Selbst wenn der Mensch programmiert ist, das Leben auf der Erde zu zerstören, ist es doch trotzdem schlecht, was er macht.«

»Ja, schlecht vielleicht. Aber könntest du jemanden dafür anklagen? Würdest du behaupten, dass ein Virus, von dem du Fieber kriegst, falsch handelt oder dass der Fuchs unrecht tut, wenn er ein Entenjunges reißt? Er kann ja nicht anders. Wenn wir genau wie der Fuchs von Instinkten oder von Erbe und Umwelt geleitet werden, dann können wir niemals einen Skinhead anklagen, der Asylbewerber misshandelt, und sagen, er habe wirklich *falsch* gehandelt: Er hat doch nur so gehandelt, wie er programmiert ist.«

»Schon, aber deswegen sollten wir doch trotzdem versuchen, ihn davon abzuhalten oder ihn einzusperren, um zu verhindern, dass er es noch einmal tut. Vielleicht versuchen wir ihn zu beeinflussen, anders zu denken und zu handeln, weil wir glauben, für seine Handlung gebe es Ursachen. Wenn du sagst, dass es schlecht ist, wenn Skinheads Asylbewerber misshandeln, es aber eigentlich nicht unrecht ist, weil es Ursachen gibt, so zu handeln, was meinst du dann eigentlich?«

»Wenn eine Maschine explodiert und jemanden verletzt oder ein Meteorit auf der Erde einschlägt und alles Leben auslöscht ... das wäre natürlich schrecklich. Aber wir können doch wohl nicht behaupten, die Maschine oder der Meteorit habe falsch gehandelt oder sie hätten anders handeln sollen?«

»Nein, das wohl nicht. Aber was meinen wir denn, wenn wir sagen, dass der Skinhead unrecht tut oder dass er etwas anderes tun sollte? Was *bedeutet* das Wort ›unrecht‹?«

Zweites Kapitel, in dem einige Hausbesetzer die Frage diskutieren, ob alle Menschen Egoisten sind

Vierzehn Tage später war die Hausbesetzung zur Routine geworden. Man hatte ein Schichtsystem eingeführt, sodass mindestens sieben Personen ständig im Haus anwesend waren. Die, die keine Schicht hatten, versammelten sich trotzdem gern im Haus, besonders gegen Abend.

Schon von Anfang an bekamen die Hausbesetzer große Unterstützung von den Anwohnern: Einige Leute brachten Töpfe mit Fleischklößchen oder Suppe, alte Frauen brachten Kaffee und Kuchen, einer der Nachbarn zog einen Gartenschlauch über zwei Abrissgrundstücke, damit die Hausbesetzer sich in einer Schüssel nahe der Hecke waschen und die Zähne putzen konnten. Die Kinder der Umgebung strömten herbei, die Hausbesetzer übernahmen die Rolle von Kindermädchen und spielten mit ihnen Fußball. Samuel war besonders beliebt, er las gern Geschichten vor, kannte die Namen aller Vögel und hatte unendliche Geduld mit Kindern. Samuel war Arvids Bruder, fast zwei Jahre jünger, und er hatte sich der Hausbesetzung schon an einem der ersten Tage angeschlossen.

»Die Leute wollen keine Schnellstraße, das wird immer klarer«, sagte Johan bei einer der abendlichen Diskussionen.

»Wir machen ihnen ihre Ansichten und Gefühle bewusst und lenken sie gezielt in eine Richtung. Allzu lange können die Politiker ihre Augen nicht mehr davor verschließen. Wenn man bedenkt, was für eine Unterstützung wir hier von den Nachbarn kriegen«, ergänzte Jenny.

»Ist doch klar, dass wir von denen unterstützt werden

– die wollen keine Schnellstraße vor *ihrem* Küchenfenster haben.« Arvid war der Zyniker unter ihnen.

»Glaubst du im Ernst, dass alle Egoisten sind und nur ihre eigenen Interessen verfolgen?«, protestierte Maria.

Ja, glaubte er das wirklich? Auf die Frage konnte Arvid nicht antworten. Ihm wurde plötzlich klar, dass die Frage genau mit dem zusammenhing, was er und Maria am ersten Abend diskutiert hatten: Werden unsere Handlungen von Ursachen bestimmt oder nicht? Wenn die Handlungen aller Menschen egoistische Motive haben, dann gibt es wirklich Ursachen für das, was sie tun: Sie tun immer das, wovon sie selbst glauben, den größten Vorteil zu erzielen. Wenn man wüsste, was ein Mensch glaubt und was ihm wichtig ist, würde man seine Handlungen voraussagen können. Könnte es so sein?

Wie verhielt es sich denn nun mit richtig und falsch? Wenn man die Handlung der Menschen erklären könnte – war dann gar nichts richtig oder falsch? Das wollte Arvid nicht glauben. Aber andererseits fand er, an Marias Idee war etwas dran. Es wäre tatsächlich sinnlos, von richtig und falsch zu reden, wenn wir nie anders handeln könnten, als wir es tun.

Um ihn herum wurde immer noch über die Unterstützung der Aktion diskutiert und darüber, wie man weiter vorgehen sollte, um den größten politischen Effekt zu erzielen.

Nach der Besprechung saßen sie auf der Treppe zum Garten. Vorortzüge fuhren vorbei. Einige Fahrgäste an den Fenstern hielten die Daumen hoch, wenn sie die Transparente der Hausbesetzer sahen. Die Hausbesetzer winkten zurück. Plötzlich fragte Arvid Jenny:

»Warum machen wir das eigentlich?«

»Natürlich um die Umgehungsstraße zu stoppen.«
Jenny sah ihn fragend an.

»Klar. Aber warum versuchen wir sie zu stoppen?«

»Weil die Straßen zu noch mehr Autoverkehr beitragen, das wiederum steigert den Säuregehalt der Erde und begünstigt den Treibhauseffekt und außerdem führt es dazu, dass die Ölquellen versiegen, sie können sich ja nicht erneuern.«

»Schon, ja. Ich möchte aber etwas anderes wissen: Tun wir das Ganze, weil es uns Spaß macht und weil wir dann mit uns selbst zufrieden sein können? In dem Fall wäre es tatsächlich reiner Egoismus.«

»Glaubst du nicht, dass hinter allen Handlungen ein egoistisches Motiv steckt?«

»Glaubst du das?«

»Ja, wenn ich etwas mache – freiwillig –, dann mache ich es doch, weil *ich* es will: Ich befriedige meine eigenen Wünsche.« Nach einem kurzen Moment fügte sie hinzu: »Und wenn mich jemand *zwingt* – zum Beispiel gegen meinen Willen in die Schule zu gehen –, dann mache ich das nur, weil ich weiß, dass ich sonst noch mehr Ärger kriege, als wenn ich es nicht tue. Also entscheide ich mich immer nach meinen eigenen Interessen.«

»Auch wenn du schlechte Zensuren in der Schule kriegst und nicht den Ausbildungsweg einschlagen kannst, den du dir vorgestellt hast, weil du es wichtiger findest, Schnellstraßen zu stoppen, anstatt einen guten Job zu bekommen?«

»Ja, das hier ist doch wichtig für mich. Ich könnte mir im Spiegel nicht ins Gesicht schauen, wenn ich nicht getan hätte, was in meinen Kräften steht, um die Erde zu retten.«

»Aber dann ...«

Im selben Augenblick fuhr eine Gruppe Jugendlicher in einem schnittigen BMW mit heruntergedrehten Fensterscheiben vorbei – einer von ihnen hatte vermutlich Papas Auto geliehen. Eine halb volle Bierdose schlug gegen die Hauswand am Straßenrand. Die Jugendlichen schrien etwas von Kommunisten und Anarchisten. Und die Hausbesetzer antworteten mit ein paar deftigen Schimpfwörtern. Dann glitt das Auto langsam davon und es war wieder ruhig.

Maria nahm den Faden wieder auf. »Dass Jenny sich aus rein egoistischen Motiven für schlechte Zensuren entscheidet, das klingt schon komisch ...«

»Natürlich möchte ich am liebsten alles: die Schnellstraße verhindern, gute Zensuren, einen guten Job und einen schönen Mann heiraten. Aber wenn ich mich entscheide, gegen die Zunahme des Autoverkehrs zu kämpfen, dann tue ich es doch, weil mir genau das am wichtigsten ist.«

»Aber *hast* du was davon?«, hakte Arvid nach. »Wenn wir es schaffen, dann hat die Natur etwas davon. Aber kaum so viel, dass *dein* Leben davon spürbar besser wird. Und außerdem bauen sie die Schnellstraße vielleicht trotzdem.«

»Vielleicht, aber trotzdem will ich nicht eine von denen sein, die darauf scheißen, dass die Natur zerstört wird. Da ich nicht alles haben kann, was ich möchte, muss ich mich für das entscheiden, was mir am wichtigsten erscheint. Und diese Sache hier ist mir am wichtigsten.«

»Das klingt ja sehr egoistisch«, sagte Arvid.

»Ich bin jedenfalls sehr zufrieden mit mir«, sagte Jenny mit einer Grimasse, die nicht gerade unterstrich, was sie behauptete. »Wieso interessierst du dich eigentlich so sehr für meine Motive?«

Arvid hatte sich in Gedanken schon wieder weit entfernt. Sie musste die Frage wiederholen.

»Maria hat kürzlich gesagt: Wenn es so ist, dass wir nicht anders handeln können, als wir es tun, dann kann man nicht sagen, wir handeln richtig oder falsch. Da scheint was dran zu sein. Wenn es aber tatsächlich so ist, dann besteht zwischen Hitler und mir kein Unterschied ...«

»Ich finde schon einen gewissen Unterschied zwischen dir und Hitler.« Jenny musterte Arvids große magere Gestalt von oben bis unten. »Doch, es besteht ein gewisser Unterschied zwischen euch beiden, finde ich.«

»Mich treiben meine egoistischen Motive an, das zu tun, was ich hier tue, und Hitler wurde von seinen egoistischen Motiven angetrieben, die Juden zu vernichten. Er hatte keine Wahl, etwas anderes zu tun als das, was er tat, und ich auch nicht.«

»Es besteht ja wohl noch ein Unterschied, ob man versucht, den Autoverkehr zu verringern oder ein ganzes Volk auszurotten«, sagte Jenny.

»Aber kann man sagen, Hitler hat falsch gehandelt, wenn er nicht anders handeln konnte, als er es tat?«

»Konnte – wie meinst du das?«

»Tja, ich weiß auch nicht.«

Drittes Kapitel, in dem Arvid in das Problem des freien Willens eingeführt wird

Eines Nachmittags – es hatte den ganzen Tag genieselt und war ziemlich kalt und ungemütlich – kam ein weißhaariger Mann durch die Pforte und klopfte an die Tür. Samuel lag auf seinem Schlafsack und las ein Buch. Vier andere spielten Karten. Jenny und Maria versuchten die Küche aufzuräumen, Arvid tat nichts.

»Hallo«, sagte der Mann, als Arvid ihm öffnete. »Ich wollte mal reinschauen und sehen, wie es euch geht. Das ist eine gute Sache, was ihr da macht. Ihr habt die Medien prima mobilisiert. Aber wie lange haltet ihr noch durch? Die scheinen so lange warten zu wollen, bis ihr die Lust verliert, statt es auf eine Konfrontation mit der Polizei ankommen zu lassen.«

»Wir halten noch lange aus«, sagte Arvid. »Anfangs waren es hundert auf der Liste, jetzt haben mehr als vierhundert unterschrieben, dass sie sich, wenn nötig, aktiv beteiligen werden.«

»Womit vertreibt ihr euch die Zeit?«, fragte der Mann.

»Wir machen Flugblätter und Transparente, schreiben Erklärungen, reden mit der Presse, kümmern uns um die Kinder der Gegend, sägen Feuerholz – es gibt viel zu tun«, sagte Maria.

»Und manchmal lest ihr sogar ein Buch«, sagte der Mann. »Darf ich sehen, was du liest?«

»*Der brave Soldat Schwejk*«, brummte Samuel, ohne den Blick von dem Buch zu heben.

»Gut, wahrscheinlich eins der witzigsten Bücher, die je geschrieben wurden«, sagte der Mann und fügte etwas entschuldigend hinzu: »Bücher sind nämlich mein Fachgebiet. Ich arbeite in der Bibliothek im Zentrum. Wenn ihr Auskünfte braucht oder euch eine Weile aufwärmen wollt, dann kommt zu mir. Hier drinnen ist es ziemlich kalt. Ihr könnt bei mir eine Tasse Kaffee kriegen – und einen Keks dazu. Aber was soll ich dir für ein Buch empfehlen, wenn du *Schwejk* schon gelesen hast … Vielleicht solltest du es mal mit *Don Quichote* versuchen?«

»Er sah ein bisschen runtergekommen aus«, sagte Jenny, als der weißhaarige Mann gegangen war. »Habt ihr gesehen, wie seine Hände gezittert haben?«

Einige Tage später besuchte Arvid den Bibliothekar, der Harald hieß, nachmittags in der Bibliothek. Zunächst hatte er die Tageszeitungen nach Berichten über Straßenbaukonzepte im Allgemeinen und ihre Aktion gegen die Umgehungsstraße im Besonderen durchgesehen. Nachdem er mit Haralds Hilfe auch in älteren Zeitungen etwas zum Thema gefunden hatte, saß er schließlich bei der versprochenen Tasse Kaffee im Lesesaal, der noch ziemlich leer war.

»Willst du dir nicht ein Buch ausleihen? Könnte doch nützlich sein, wenn man Nachtwache hat.«

»Kaum, wir sind meistens zu zweit, und dann reden wir.«

»Über politische Strategien oder über Fußball?«

»Über alles Mögliche. In der letzten Zeit haben wir viel über die Ursachen menschlicher Handlungen gesprochen.«

»Aha, und zu welchem Schluss seid ihr gekommen?«

»Anscheinend müssen wir davon ausgehen, dass alle Handlungen Ursachen haben – wie überhaupt alles, was passiert. Wenn es so ist, haben wir eigentlich keine Wahl. Und dann gibt es auch keine moralische Verantwortung.« Arvid war allmählich geneigt, Maria tatsächlich Recht zu geben.

»Warum nicht?«

»Weil wir nie etwas anderes tun können als das, was wir tun.«

»Na ja, vieles kannst du nie tun, egal ob du willst oder nicht: fliegen oder einen Eisenbahnwagen hochstemmen, zum Beispiel. Aber die Kaffeetasse hier könntest du entweder mit der linken oder mit der rechten Hand anheben. Vielleicht reicht diese Möglichkeit? Wenn du dich entschieden hättest, die Tasse mit der linken Hand zu heben, dann hättest du es getan. Reicht nicht, dass wir die Wahl und die Verantwortung haben bei allem, was wir tun?«

»Aber so, wie die Welt eben noch war, bevor ich die Tasse angehoben habe, muss es doch eine Ursache gegeben haben, die mich veranlasst hat, die Tasse mit der rechten Hand anzuheben. Dass ich glaube, ich hätte sie auch mit der linken Hand anheben können, kommt daher, dass ich nicht alle Ursachen kenne. Aber im Prinzip gibt es bestimmt etwas, das dazu führte, dass ich sie mit der rechten Hand angehoben habe.«

»Was du da gesagt hast – wir meinen, frei zu sein, weil wir die Ursachen unserer eigenen Handlungen nicht kennen –, erinnert sehr an etwas, das Spinoza schon im siebzehnten Jahrhundert geschrieben hat.«

»Welche Einstellung hatte er denn zu richtig und falsch?«

»Er fand es tatsächlich sinnlos, moralisierend über Menschen zu urteilen. Man sollte lieber versuchen zu verstehen, *warum* Menschen tun, was sie tun. Natürlich fand er trotzdem, dass wir häufig falsch handeln. Wir machen Sachen, die nicht gut für uns sind und die wir nicht getan hätten, wenn wir die Tatsachen besser gekannt hätten.«

»Klar, aber um von richtig oder falsch sprechen zu

können, müssen wir die Freiheit haben, uns anders zu entscheiden, als wir es tun, sonst sind unsere Handlungen ja von Ursachen vorbestimmt, die ihrerseits von Ursachen vorbestimmt sind und so weiter. Und was im Mittelalter passiert ist, darüber haben wir keine Kontrolle ...«

»Was spielt das für eine Rolle?«

»Wir würden doch zum Beispiel nie auf die Idee kommen eine Maschine anzuklagen falsch gehandelt zu haben, die einen Menschen verletzt hat. Sie konnte nicht anders handeln. Und wenn wir von Ursachen gelenkt werden, dann ist der Unterschied zwischen der Maschine und uns nicht sehr groß.«

»Fändest du es wünschenswert, du könntest dich quasi zufällig entscheiden an der Hausbesetzung teilzunehmen oder nicht, ohne dass es Ursachen für deine Entscheidung gäbe?«

»Vielleicht nicht ...«

»Dann wären deine Entscheidungen nämlich ganz beliebig. Man würde überhaupt nicht behaupten können, dass *du* dich für die Hausbesetzung entschieden hast.«

»Ja, genau! Bei wichtigen Sachen, solchen, von denen wir wirklich glauben, dass sie richtig oder falsch sind, gibt es ganz bestimmt Gründe, die dazu führen, dass wir uns so entscheiden, wie wir es tun.«

»Vermutlich hast du Gründe für wichtige Entschlüsse, die du fasst, aber ist es sicher, dass diese Gründe dasselbe sind wie Ursachen?«

Arvid sah aus wie ein Fragezeichen. Harald blinzelte und lächelte listig.

»Ich meine, ein Grund ist ja eine Art Argument, etwas zu tun oder etwas zu glauben. Und Argumente können nie etwas verursachen.«

»Nein? Warum sitzt du dann hier und argumentierst mit mir? Versuchst du nicht, mich dazu zu bringen, etwas Bestimmtes zu glauben? Und wenn wir mit den Politikern diskutieren, die Schnellstraßen bauen wollen, dann hoffen wir doch, dass unsere Argumente bei ihnen etwas bewirken.«

»Halt! Denkst du etwa, dass *Argumente* die Meinung der Politiker ändern können?«

»Man muss es wenigstens versuchen«, sagte Arvid lachend. »Ein paar Menschen müssen sich doch von Argumenten beeinflussen lassen. Sonst wären ja alle Versuche die Welt zu verändern ganz und gar sinnlos.«

»Darüber müsste man mal nachdenken«, sagte der ältere Mann seufzend. »Aber so hab ich das nicht gemeint. Ich meine, Argumente an sich können niemanden beeinflussen, zum Beispiel dann, wenn man sie gar nicht kennt, oder auch, wenn niemand an sie glaubt.«

»Was meinst du mit Argumenten, die keiner kennt?! Was sollte das sein?«

»Vermutlich sind die Übersäuerung des Bodens und der Treibhauseffekt immer starke Argumente gegen zunehmenden Autoverkehr gewesen. Aber darauf ist man erst in den letzten Jahren gekommen.«

Arvid starrte Harald an.

»Starke Argumente, ohne dass sie jemand kannte? Wie meinst du das?«

»Ich meine nur, es stimmt, dass der Autoverkehr – mit Verbrennungsmotoren, wie wir sie jetzt haben – zur Übersäuerung des Bodens und zur Erhöhung des Kohlendioxidgehalts in der Atmosphäre beiträgt. Das führt zu einem Temperaturanstieg. Wenn es nicht so wäre, hätte man es ja nicht herausfinden können. Aber das war auch schon so, bevor man es entdeckt hat.«

»Und allein die Tatsache, dass es so war, ist bereits ein Argument gegen den Autoverkehr?«

»Genau.«

Arvid dachte eine Weile nach.

»Aber erst wenn ich erfahre, dass es so ist, *dann* beeinflusst es meine Handlung«, sagte er zögernd.

»Stimmt, aber dann ist es dein Glaube daran, dass es so ist, der deine Handlung beeinflusst, plus dein Wunsch natürlich, die Natur zu erhalten.«

»Na gut, aber jetzt sind wir wieder da, wo wir angefangen haben.« Arvid gab nicht auf. »Ich glaube an gewisse Zusammenhänge in der Natur, also beteilige ich mich an der Besetzung eines Hauses, das einer Schnellstraße im Weg ist. Und dass ich an gewisse Zusammenhänge glaube, kommt wiederum daher, dass ich in der Zeitung über die Auswirkungen von Abgasen gelesen habe, und so weiter…«

»Trotzdem hängen die Verbindungen zwischen den Gründen, die du hast, und deiner Handlung nicht ursächlich zusammen…«

»Was denn sonst? Meinst du, es besteht ein Unterschied zwischen den Ursachen, die die Maschine steuern, und denen, die meine Handlung steuern? Meinst du es so? Von dem gesteuert zu werden, was man glaubt und wünscht, hieße, von etwas anderem als von Naturgesetzen gesteuert zu sein?«

»Ungefähr so, ja.«

Arvid sah skeptisch aus.

»Wenn du über solche Sachen nachdenkst, solltest du dich mal mit den Philosophen beschäftigen. Meine Bibliothek hat da einiges zu bieten. Guck mal, hier! Ich hab mehr Philosophie eingekauft, als in einer Stadtbücherei üblich ist. In den Sechzigern habe ich einige Jahre Philosophie studiert. Ich interessiere mich immer noch dafür. Die Sachen, über die du nachdenkst, sind alle im weitesten Sinn philosophische Fragen. – Ein Philosoph, der wie du der Meinung war, Moral setze Freiheit voraus, ist Kant, Immanuel Kant. Der hat im achtzehnten Jahrhundert gelebt. Er hat am deutlichsten darauf hingewiesen, dass das ›sollte‹ ein ›kann‹ voraussetzt, das heißt, wir sind nicht verpflichtet etwas zu tun, wenn wir es nicht *können*.«

»Aha, hat er denn geglaubt, unsere Handlungen seien rein zufällig?«

»Nein, Kants Theorie ist viel komplizierter. Er dachte, dass wir normalerweise von unseren eigenen Interessen motiviert werden, das heißt, wir versuchen, so glücklich wie möglich zu werden. Das verursacht und erklärt unsere Handlungen. Aber wir können auch erkennen, dass eine Handlung, die für unsere eigenen Interessen von Vorteil wäre, falsch ist – zum Beispiel dann, wenn wir lügen, um uns aus einer Klemme zu befreien. Dann kann uns unsere Vernunft dazu bringen, gegen unser eigenes Interesse zu handeln, ganz einfach auf der Grundlage unseres Willens. Wenn das aber so ist, wird die Handlung also auf eine besondere Art von der Einsicht der Vernunft in eine moralische Tatsache verursacht.«

»Stimmt das!? Dann würden also alle Handlungen Ursachen haben, aber gewisse Handlungen hätten so spezielle Ursachen, dass sie frei wären und man deshalb entscheiden kann, sie sind richtig oder falsch. – Dann wären ja dadurch aber eigentlich nur richtige Handlungen frei. Handeln wir aus eigenem Interesse falsch, dann gab es gewöhnliche Ursachen und die Handlung war unfrei, also können wir sie nicht moralisch bewerten.«

»Na ja, ganz so einfach ist es wohl nicht. Wir können

uns immer entscheiden, uns von der Vernunft leiten zu lassen. Geben wir unserem eigenen Interesse die Oberhand, dann sind wir es, die das zulassen.«

»Gibt es Ursachen, dass wir uns für das eine oder andere entscheiden?«

»Jetzt legst du deinen Finger auf einen wichtigen Punkt. Ich weiß nicht, was Kant geantwortet hätte. Und Kant ist ein komplizierter Herr, den man nicht einfach so lesen kann. Lies einen Artikel in einem gewöhnlichen Nachschlagewerk oder in einer philosophischen Enzyklopädie. Dann kannst du es mit der *Grundlegung zur Metaphysik der Sitten* versuchen und prüfen, ob du was begreifst.«

Jetzt war Harald in seinem Element. Das weiße Haar war ihm in die Stirn gefallen und seine Hände zitterten nicht mehr.

Die Bibliothek hatte sich etwas gefüllt und einige der Besucher schienen den Bibliothekar etwas fragen zu wollen. Aber Harald ließ sich durch nichts unterbrechen.

»Einer, der glaubt, die menschlichen Handlungen seien frei im Sinne von ursachenlos, ist Jean-Paul Sartre. Er ist in den Achtzigerjahren gestorben. In seinem Buch *Das Sein und das Nichts* von 1943 behauptet er, dass wir *immer* frei sind und uns immer für etwas anderes entscheiden können – beispielsweise sind wir überhaupt nicht gezwungen danach zu streben, glücklich zu werden. Wir können uns auch für das Unglück entscheiden. Darum haben wir die totale Verantwortung für unser Leben und für die Welt. Er vertrat die These, dass, auch wenn die Gestapo dich foltert, du selbst entscheidest, ob du deine Kameraden verrätst oder nicht. Und wie die Welt aussieht, dafür trägst du die Verantwortung: Du entscheidest dich, ob du etwas für die Welt tust oder nicht. ›Der Krieg hat keine unschuldigen Opfer‹, zitiert er anerkennend jemanden, dessen Namen er vergessen hat.«

»Halt! Wie hieß der Autor?«

»Sartre, Jean-Paul Sartre. Aber ich finde, du solltest nicht mit ihm anfangen. Lies erst mal einen kürzeren Artikel über den Existenzialismus oder in einem Lexikon oder einer Geschichte der Philosophie über Sartre. Ohne Anleitung ist er ziemlich schwer zu verstehen. Wenn du ihn unbedingt lesen willst, fang lieber mit einem kürzeren Text wie *Ist der Existentialismus ein Humanismus* oder dem Roman *Der Ekel* an. – Sein geistiger Vordenker Søren Kierkegaard hat auch viel über unsere Verantwortung geschrieben. Und er ist meist viel unterhaltsamer, aber in längeren Passagen trotzdem schwer zu lesen. Schau dir erst eine Auswahl an. Seine Botschaft ist: Wir müssen uns entscheiden, wie wir leben wollen. Das Leben wird nur rückwärts verstanden, muss aber vorwärts gelebt werden.«

»Genau darüber hab ich auch vor ein paar Wochen nachgedacht! War eigentlich immer schon einer da, der vor mir das durchdacht hat, worüber ich nachdenke?«

»Meistens. Aber das hilft wenig. Denn in der Philosophie gibt es kaum eine allgemeine Akzeptanz des aktuellen ›Forschungsstands der Wissenschaft‹. Du musst alle Fragen selbst durchdenken, um Stellung beziehen zu können. Es genügt nicht, einfach auf Kant zu verweisen. Aber es hilft ein wenig, wenn man liest, was andere dazu gesagt haben: Sie können zu Lösungen oder Einwänden gekommen sein, an die du nicht gedacht hast. Häufig ist es auch leichter, Mängel in den Gedankengängen anderer zu erkennen als in den eigenen.«

»Da ist noch eine Frage, über die ich in der letzten Zeit nachgegrübelt habe: Sind alle Menschen Egoisten?

Kant scheint das bis zu einem gewissen Grad geglaubt zu haben ...«

»Und was glaubst du selber?«

»Schwer zu sagen. Spontan würde ich behaupten, es ist nicht so. Es gibt doch Entwicklungshelfer in der Dritten Welt, die nicht an Karriere und Bequemlichkeit denken. Es gibt Menschen, die ihr Leben für andere geopfert haben. Aber kürzlich hat Jenny behauptet, alles, was wir machen, tun wir, weil wir es uns so wünschen, oder wenigstens, weil wir es anderen Alternativen vorziehen. Also befriedigen wir nur uns selber. Ich komm einfach nicht drauf, was an diesem Gedankengang falsch ist.«

»Der Fehler erklärt sich von selbst: Wenn wir das tun, was wir wünschen, dann tun wir das, was wir wünschen. Das muss ja immer stimmen. Das Spannende ist aber doch, dass manche Menschen ihren Mitmenschen etwas Gutes tun oder die Natur retten möchten, während andere solche Wünsche nicht haben oder anderen Leuten sogar etwas Schlechtes wollen. Warum nicht den Begriff ›Egoist‹ für Menschen beibehalten, denen es egal ist, wie es anderen geht, Hauptsache, ihnen selber geht es gut. Die, die sich um andere kümmern, können wir Nicht-Egoisten nennen. Obwohl es in beiden Fällen natürlich stimmt, dass sie tun, was sie wollen, wenn sie tun, was sie wollen.«

»Vielleicht haben wir das Haus nur besetzt, um mit uns selbst zufrieden zu sein?«

»Nein, das kann ich mir nicht vorstellen. Ihr wärt nicht so zufrieden mit euch selbst, wenn ihr es nicht *wichtig* fändet, den Autoverkehr zu verringern. Eure Zufriedenheit ist also nicht das eigentliche Ziel eurer Aktion. – Darauf hat schon Butler im achtzehnten Jahrhundert hingewiesen, Bischof Joseph Butler. David Hume, ein ziemlich berühmter englischer Philosoph des achtzehnten Jahrhunderts, wiederholt dasselbe Argument im Großen und Ganzen in einem Zusatz zu seiner *Untersuchung über die Prinzipien der Moral*.«

»Dann musst du mir als ersten Butler geben – den brauch ich für die Diskussion mit Jenny.«

»Ach nein, Butler wird als viel zu klein und zahm angesehen. Ich hab gar nicht gewagt ihn einzukaufen. Guck in ein gewöhnliches Nachschlagewerk oder ein Philosophielexikon. Wenn du gut in Englisch bist, kannst du mich in meinem Arbeitszimmer besuchen und den erläuternden Artikel über Butler in der *Encyclopedia of Philosophy* lesen. Vielleicht findest du auch einige Texte von ihm in Übersetzung in der Zentralbibliothek. Ich könnte mir vorstellen, dass es ihn dort gibt.«

Inzwischen hatte ein etwa zweijähriges Kind sein Bestes getan, um den Buchbestand und die Einrichtung der Bibliothek zu demolieren. Die Mutter hatte vergeblich versucht, die Aufmerksamkeit des Bibliothekars zu wecken. Jetzt schob sie Arvid energisch beiseite und rief Harald direkt ins Gesicht:

»Darf ich bitte eine Frage stellen?«

Viertes Kapitel, in dem man einen Freund begräbt und über persönliche Identität nachdenkt

Die Sonne schien so warm, dass es sogar im Schatten noch angenehm war. Die Bäume leuchteten im lichten Grün des Frühsommers. Maria, Jenny, Arvid und Johan standen im Schatten des Krematoriums. Alle vier weinten mehr oder minder offen.

»Warum?«, flüsterte Maria. Ihre Stimme zitterte.

»Warum was?«, fragte Arvid. »Meinst du, warum Klas sich das Leben genommen hat? Dann musst du auch gleich fragen, warum ist die Welt so, dass Menschen sterben? Warum war Klas so deprimiert?«

Die anderen seufzten. Nicht einmal in diesem Augenblick konnte es Arvid lassen zu fragen, zu überlegen und deutlichere Antworten zu verlangen.

»Warum müssen ausgerechnet die Besten sterben?« Maria fragte, was Arvid nicht gefragt hatte.

Klas war einer der Wichtigsten und Anregendsten aus der gesamten Hausbesetzerszene gewesen. Er hatte sich mit ihnen über Verkehrsfragen und Umweltprobleme auseinander gesetzt. Zusammen mit ihm hatten sie das Baugelände in dem Stockholmer Vorort, aber auch in anderen Gebieten gründlich erforscht und einige wichtige Aktionen geplant. Klas war der Aktivste von ihnen gewesen und hatte immer wieder neue Projekte in Gang gebracht. Er schien weder Schlaf noch Nahrung zu brauchen. Er las, diskutierte und schoss wie ein Webschiffchen herum, um überall neue Kontakte zu knüpfen.

Er war einige Jahre älter als die anderen der Gruppe und hatte sich schon für Umweltschutz engagiert, als der Rest noch in den Kindergarten ging. Einige Wochen vor der Hausbesetzung war er in eine psychiatrische Klinik gekommen, tief deprimiert. Während eines Urlaubs hatte er sich die Taschen mit Steinen gefüllt und war in der Nähe von Kungsängen ins Wasser gegangen.

»Maria und ich haben ihn noch vor drei Wochen besucht«, sagte Jenny. »Er war so verändert. Als ob kein Leben mehr in ihm wäre. Saß bloß still da und starrte vor sich hin.«

»So kann ich mir Klas gar nicht vorstellen«, sagte Johan.

»Stimmt! Das kann sich niemand vorstellen. Wenn er überhaupt etwas sagte, sprach er nur ganz leise und langsam, als suchte er nach Worten. Und er wiederholte immer nur das eine: Er sei ein erbärmlicher Mensch, nichts hätte er zu Stande gebracht, alles sei falsch. Man hatte den Eindruck, er glaubte wirklich, am elenden Zustand der Welt ganz allein schuld zu sein.«

»Dabei gibt es niemanden, der so viel getan hat wie er«, warf Maria ein. »Er hat ja mehr getan als wir alle zusammen. Warum musste ausgerechnet er...« Sie schluchzte laut.

»Gerade er hätte weiterleben müssen«, fand Johan.

»Wahrscheinlich hatte er keine Kraft mehr«, sagte Jenny.

»Depressionen gehen auch wieder vorbei. Er hätte durchhalten sollen!«

»Ein Mensch, der sich das Leben nimmt, hat es vermutlich so schwer, dass er einfach nichts anderes mehr tun kann. Moralisieren ist also sinnlos«, wandte Arvid ein.

»Ist es nicht sinnloser, dass er gestorben ist?«, sagte Maria scharf.

»Natürlich wäre es besser gewesen, wenn er es geschafft hätte, weiterzuleben und wieder gesund zu werden. Die Welt braucht Menschen wie Klas. Aber wenn er keine Kraft mehr hatte ...«

Sie waren langsam über den schattigen Friedhof gegangen und traten jetzt hinaus in den Sonnenschein. Aber sie nahmen ihn kaum wahr.

Die Stimmung in dem besetzten Haus war gedämpft an diesem Abend. Die meisten saßen in Gedanken versunken herum. Arvid und Maria schälten Kartoffeln für die Suppe.

»Was meinst du, wie es ihm jetzt geht?«, fragte Maria.

Arvid zögerte. Schließlich sagte er:

»Ich glaube, es geht ihm überhaupt nicht.«

»Ich kann nicht glauben, dass einfach alles zu Ende sein soll ...« Maria saß mit dem Kartoffelschäler in der Hand still da und starrte vor sich hin.

»Was glaubst du denn?«, fragte Arvid.

»Ich glaube, dass wir irgendwie wieder geboren werden«, sagte Maria.

»Mmh. In einem neuen Menschen?«

»Ja, Reinkarnation. Es kann nicht einfach zu Ende sein. Wir müssen eine neue Chance bekommen.«

Arvid dachte eine Weile nach, dann fragte er:

»Wenn du aber wieder geboren würdest ... als ein anderer ... in welchem Sinne wärst du es dann?«

Maria sah nachdenklich aus.

»Die meisten von uns erinnern sich ja an kein früheres Leben. Was heißt es dann, wenn jemand sagt, dass zum Beispiel du dieselbe Person bist wie jemand, der Anfang des zwanzigsten oder achtzehnten Jahrhunderts gelebt hat?«

»Das heißt natürlich nur, dass ich meine früheren Leben vergessen habe. Übrigens gibt es ja Leute, die glauben sich an ihre früheren Leben zu erinnern. Ich hab mal ein Buch über jemanden gelesen, der hat sich sogar an mehrere frühere Leben erinnert.«

»Die meisten von uns erinnern sich jedenfalls nicht an frühere Leben. Und was ist dann dasselbe?«, beharrte Arvid.

»Ich bin dieselbe Person.«

Arvid sah skeptisch aus.

»Was ist es denn, was dich gerade zu dem macht, der du bist? Wenn du schon mehrere Leben gelebt hast und dich nicht an sie erinnerst. Was hast du mit deinen früheren Inkarnationen gemeinsam? Es kann ja nicht die Materie sein, aus der dein Körper besteht. Und du hast vermutlich eine ganz andere Auffassung von der Welt als der, der du im achtzehnten Jahrhundert warst. Und du kannst dich an nichts von all dem erinnern.«

»Du hast mal von deiner Großmutter im Pflegeheim erzählt. Sie kann sich doch auch nicht an ihr früheres Leben erinnern, sie erkennt weder dich noch ihren Sohn, also deinen Vater. Ist sie auch nicht dieselbe Person, die sie war, als sie jung war? Du wirst ja wohl kaum behaupten wollen, dass es noch derselbe Körper ist.«

Arvid dachte an die Bilder, die er von seiner Großmutter aus den Dreißigerjahren gesehen hatte, und schwieg eine Weile.

»Gibt's heute noch was zu essen oder nicht?« Samuel bekam langsam Hunger.

Der Abend war kühl. Sie drängelten sich auf der wackligen Gartenbank, die sie aus dem Schuppen geholt hatten.

»Ich möchte wissen, wie es ist, tot zu sein.«

Johans Frage ließ Maria einen Blick auf Arvid werfen.

»Das ist wahrscheinlich überhaupt nichts Besonderes«, meinte Jenny.

»Trotzdem ist Totsein das Schlimmste, was einem passieren kann«, sagte Samuel.

»Ob es wirklich so schlimm ist?«, wandte Arvid ein. »Du bist doch schon seit tausenden von Jahren tot und das scheint dich nicht besonders zu bekümmern.«

»Ich bin noch nicht tot gewesen ...«, fing Samuel an und zögerte einen Moment. »Du meinst, mich hat es nicht gegeben, bevor ich geboren wurde. Dann ist das also ungefähr dasselbe wie tot sein?«

»Klar. Vielleicht werden wir nur ausgelöscht, wenn wir sterben. Es gibt uns ganz einfach nicht. Und bevor wir geboren wurden, gab es uns auch nicht ...« Er schielte zu Maria. »Wir *wissen* natürlich nicht, wie es wirklich ist. Vielleicht lebt man ja weiter, oder es gibt eine Wiederauferstehung oder so was. Aber nehmt mal an, wir werden einfach ausgelöscht. Was ist daran so erschreckend?«

»Mich erschreckt es schon. Ich hab eine Wahnsinnsangst«, sagte Samuel mit Nachdruck. »Wenn es nur eine winzige Chance gäbe, dass ich eine Seele habe, die aber nur dann weiterleben würde, wenn ich ins Kloster ginge, ich würde es tun.«

Die anderen lächelten skeptisch.

»Aber was macht das für einen Unterschied, ob man tot oder nicht geboren ist?«, beharrte Arvid und sah seinen Bruder an.

»Ein wichtiger Unterschied besteht schon mal darin, dass gerade ich es bin, der stirbt. Man kann ja nicht behaupten, ich sei es gewesen, der im neunzehnten Jahrhundert *nicht* gelebt hat. Dass ein ganz bestimmtes Individuum ausgelöscht wird, das ist so skandalös!«

»Nun wissen wir ja, dass es dich im neunzehnten Jahrhundert nicht gegeben hat, vorausgesetzt, dass es keine Reinkarnation gibt.« Arvid schaute Maria an. Aber sie schien nicht bereit, sich noch mal vorzuwagen.

»Aber in dem Augenblick, als das Spermium meines Vaters in das Ei meiner Mutter eingedrungen ist, bin ich ein bestimmtes Individuum geworden. Seit dem Augenblick gibt es mich. Und wenn ich sterbe, dann bin *ich* es, der stirbt.«

»Ist es das, was dich zu dem macht, der du bist? Wenn deine Eltern einen Monat früher miteinander geschlafen hätten, hätte es dich dann nicht gegeben?«

»Ja, genau!«

»Aber ist der Gedanke nicht genau so erschreckend?«

»Nein, warum? Dann hätte es einen anderen als mich gegeben. Aber darunter hätte ich nicht gelitten. Denn mich gäb's ja nicht.«

»Wenn du tot bist, gibt es dich vielleicht auch nicht.«

»Aber dann gibt es doch gerade *mich* nicht!«

Arvid drehte sich im Schlafsack um. Er konnte nicht einschlafen. Samuels »gerade *mich*« ließ ihn nicht los. Er fragte sich, was es war, das ihn zu dem machte, der er war. Er hatte einen Namen und eine Personalnummer, die gerade ihn kennzeichnete. Aber wenn nun Maria Recht hatte, wenn er nun schon Hunderte von Leben vor seinem jetzigen gelebt hatte? Was war es dann, was ihn zu dem machte, der er jetzt war? War es eine Art völlig eigenschaftsloser Seele oder war es ein Kern der Persönlichkeit, der überlebte? War das möglich? Oder war er doch nur der Körper, der aus einem Embryo gewachsen war, der vor neunzehn Jahren entstanden war?

Ich bin mein Gehirn, war der letzte bewusste Gedanke, den er formulierte, bevor er einschlief.

Nachts träumte er, dass sich zwei weiß gekleidete Wissenschaftler ins Haus schlichen und Maria gegen eine sehr gut gemachte Kopie austauschten. Ihm fiel auf, dass der Kopie ein kleines Muttermal am Hals fehlte, aber das war auch das Einzige. Als die Kopie in Marias Schlafsack lag, zogen sie ihr und der schlafenden Maria gleiche Helme über den Kopf. Einige Schläuche verbanden die beiden Helme miteinander. Ein Gerät wurde eingeschaltet und ein surrendes Geräusch ertönte. Arvid begriff – wie man es in Träumen begreift –, dass die Weißgekleideten dabei waren, Marias Meinungen, Wünsche, Gefühle und Erinnerungen in die Kopie zu programmieren. Dann nahmen sie die beiden Helme ab, schleppten die schlafende Maria weg und verschwanden.

Als er aufwachte, war er schweißgebadet. Er warf einen Blick auf die schlafende Maria. Aber er konnte nicht erkennen, ob sie ein Muttermal hatte oder nicht, der Reißverschluss ihres Schlafsacks war zu weit nach oben gezogen.

Fünftes Kapitel, in dem die Hausbesucher dem Straßenbauamt einen Besuch abstatten und über die Objektivität der Moral diskutieren

Maria, Jenny und Arvid waren als Delegation gewählt worden, die mit einem verantwortlichen Beamten des Straßenbauamtes über die Schnellstraße sprechen sollte.

»Monsson«, sagte der Beamte und reichte ihnen die Hand. Für einen Beamten sah der Mann ganz nett aus. Er trug nicht mal einen Schlips.

»Ich nehme an, ihr wollt mit mir über die Schnellstraße diskutieren?«

»Ja, begreifen Sie nicht, dass Schnellstraßen den Autoverkehr nur erhöhen? Der Wald versauert und der Treibhauseffekt wird verstärkt! Außerdem verbrennen die Autos Treibstoff, der nicht erneuerbar ist.« Eifrig zählte Jenny die Argumente auf.

»Umgehungsstraßen tragen aber auch dazu bei, dass sich der Verkehr in der Innenstadt verringert. Das ist doch ein guter Effekt?«

»Viele werden trotzdem mit dem Auto in die Stadt fahren. Und Schnellstraßen führen dazu, dass noch mehr Autos unterwegs sind. Im Ganzen gesehen wird der Autoverkehr durch den Bau weiter zunehmen. Wir brauchen stattdessen eine entschiedene Förderung des öffentlichen Verkehrs«, mischte sich Maria in das Gespräch.

»Stockholms Landtag fördert doch den öffentlichen Verkehr enorm. Außerdem sind es von den Stockholmern gewählte Politiker, die den Beschluss zum Bau der Umgehungsstraße gefasst haben. Die Entscheidung wurde nach demokratischen Regeln gefällt. Mit eurer Hausbesetzung versucht ihr also einen demokratisch gefassten Beschluss zu stoppen. Findet ihr das richtig?«

»Die Leute sind doch gar nicht gefragt worden, ob sie Umgehungsstraßen haben wollen.« Arvid sprach leise, aber überzeugt.

»Bist du wirklich der Meinung, alle Beschlüsse müssten durch Volksabstimmung gefasst werden? So kann die Demokratie in Schweden nie und nimmer funktionieren. In kleineren Staatswesen mag das gehen. Aber ein so großes und kompliziertes Staatswesen wie unseres braucht ein anderes System. Wir wählen eine Anzahl von Repräsentanten, die sich mit den Expertisen und den Problemen nach bestem Wissen und Gewissen auseinander setzen. Dann fassen sie einen Beschluss, der den Wünschen der Wähler, denen diese durch die Wahl Ausdruck gegeben haben, nahe kommt. Und ihr wollt das verhindern. Glaubt ihr, dass alle, die bei einer Wahl in einzelnen Fragen überstimmt wurden, das Recht haben, eine Änderung zu erzwingen?«

»Ich finde, das Volk müsste bei wichtigen Problemen gefragt werden. Aber selbst wenn der Bau der Umgehungsstraße Wunsch einer Mehrheit ist, liegt es trotzdem klar auf der Hand, dass noch mehr Verkehr für den Wald, für die Pflanzen und die Tiere, die dort leben, schädlich ist. Ganz zu schweigen vom Treibhauseffekt, der alles Leben auf der Welt beeinflusst. Und alle Lebewesen haben ein Recht auf Leben, aber nicht alle haben ein Stimmrecht.«

»Damit macht ihr euch zu Repräsentanten aller Lebewesen. Vergesst dabei aber nicht, dass ihr euch in diesem Fall selbst dazu ernannt habt – niemand hat euch gewählt.«

»Sind Sie dann also der Meinung, dass wir die Pflicht haben, alle demokratisch gefassten Beschlüsse zu akzeptieren, egal wie falsch sie sind?«

»Na ja, ich meine, es gibt keine sichere Methode, festzustellen, was Recht ist. Bis jetzt ist den Menschen keine bessere Methode eingefallen, als die Meinungen verschiedener Bürger anzuhören, über die Sache abzustimmen und die Mehrheit entscheiden zu lassen.«

»Aber Sie müssen doch zugeben, dass sich niemand die Mühe gemacht hat herauszufinden, ob die Mehrheit die Schnellstraße will. Außerdem könnte es ja auch vorkommen, dass sich die Mehrheit täuscht.«

»Okay, um der Diskussion willen. Aber leitet ihr daraus das Recht ab, die Durchführung des Beschlusses zu verhindern? Angenommen, es würde eine Volksabstimmung über den Bau der Schnellstraße durchgeführt und die Mehrheit möchte die Straße haben – würdet ihr eure Hausbesetzung dann abbrechen?«

»Nein!«, sagte Maria nachdrücklich.

»Ihr seid also der Meinung, dass ihr es besser wisst als die Mehrheit der Stockholmer?«

»Wie gesagt: Es hat keine Volksabstimmung stattgefunden«, beharrte Arvid. »Aber sind Sie der Meinung, dass es falsch wäre, einen Beschluss stoppen zu wollen, wenn sich die Mehrheit offenbar geirrt hat?«

»Es kommt darauf an, wie ihr das durchführen wollt: Wenn ihr versuchen würdet, die Stockholmer mit Argumenten zu überzeugen und eure Ziele in die politischen Parteien zu tragen, um so eine Mehrheit für euren Standpunkt zu gewinnen, dann wäre es in Ordnung. Aber ich finde es falsch, wenn eine kleine selbst ernannte Gruppe Gesetze bricht und die Durchführung eines demokratisch gefassten Beschlusses zu verhindern versucht.«

»Angenommen, die Deutschen haben in den Dreißigerjahren hinter den Nürnberger Gesetzen gestanden. War es nicht trotzdem rechtens, dass einzelne Individuen und Gruppen versucht haben, die Gesetze zu sabotieren?«

»Das finden wir jetzt, im Nachhinein. Aber überlegt doch mal, ob andere Gruppen auch so handeln sollten, wie ihr es jetzt tut. Stellt euch zum Beispiel vor, dass gewisse Neonazi-Gruppen der Meinung sind, die schwedische Einwanderungspolitik sei total falsch. Also versuchen diese Gruppen die Einwanderer durch Gewalt und Terror abzuschrecken. Findet ihr das richtig?«

»Natürlich nicht!« Jenny war aufgebracht. »Die irren sich doch. Es kann niemals richtig sein, einen Unterschied zwischen Menschen zu machen wegen ihrer Rassenzugehörigkeit.«

»Das findest du. Aber die Rechten und Skinheads sind davon nicht so überzeugt. Woher weißt du, dass du Recht hast?«

»Angenommen, die Rechten würden bei der Wahl die Mehrheit bekommen und beschließen, alle Einwanderer rauszuwerfen. Wäre es dann falsch, die Einwanderer zu verstecken und die Politik zu sabotieren?«

Monsson zögerte.

»In eurem Alter war ich Mitglied einer leninistischen Gruppe. Die war überzeugt, die kommunistische Gesellschaft müsste einen bewaffneten Staatsstreich durchführen. Wir glaubten, das kommunistische Staatswesen sei das einzig Richtige. Im Kommunismus würde es allen Menschen besser gehen, keiner würde den andern ausbeuten und so weiter. Wir glaubten, dass Lenin Recht hatte, als er sagte, nur eine kleine Gruppe werde das im Anfangsstadium verstehen. Da wir es für die Wahrheit hielten, waren wir der Meinung, diese kleine Gruppe habe das Recht, sich die Macht mit Gewalt zu verschaffen und die sozialistische Staatsform einzuführen. Heute glaube ich nicht mehr daran. Deswegen bereitet mir eure Aktion Probleme. Ich finde, sie ist Ausdruck für das gleiche Elitedenken, das ich selber hatte, als ich jung war.«

»Aber muss nicht jeder Mensch die Verantwortung für seine eigenen Handlungen übernehmen und das tun, was er für richtig hält? Ich kann doch nicht stillschweigend zusehen, wie die Erde vernichtet wird. Wenn die Entwicklung in die gleiche Richtung weitergeht wie bisher, werden weder Mensch noch Tier auf der Erde überleben. Deshalb muss der Prozess gestoppt werden. Wenn ich nicht tue, was in meiner Kraft steht, drücke ich mich vor meiner moralischen Verantwortung.« Maria war sehr ernst.

»Kommen wir noch mal auf mein früheres Beispiel zurück: Akzeptierst du, dass ein Skinhead genau wie du argumentiert und auf seine Weise *Verantwortung* übernimmt, indem er eine Flüchtlingsunterkunft niederbrennt?«

»Nein, das ist doch was anderes. Erstens mal glaube ich nicht, dass Skinheads in Begriffen von moralischer Verantwortung denken. Zweitens, finde ich, ist es ein Unterschied, ob man Menschenleben riskiert oder versucht, Bagger mit seinem eigenen Körper aufzuhalten.«

»Vielleicht. Aber du«, Monsson nickte in Richtung Arvid, »findest ja den Widerstand gegen Hitler in Deutschland gut. Bist du der Meinung, dass die Leute, die versucht haben, Hitler zu töten, richtig gehandelt haben? Dann ziehst du nämlich auch keine Grenzen mehr bei Menschenleben.«

»Vielleicht hätte man Hitler umbringen müssen ... Doch das steht in diesem Fall ja nicht zur Diskussion. Ich hab trotzdem kapiert, um was es geht. Ich kann aber nicht akzeptieren, dass die Mehrheit immer Recht haben soll oder in diesem Fall die Politiker, die von der Mehrheit gewählt worden sind. Was richtig

oder falsch ist, hängt doch nicht von Mehrheitsbe-
schlüssen ab.«

»Nein, das hab ich auch nicht gesagt. Ich meine nur,
dass die Demokratie die beste Art ist, die uns bisher
eingefallen ist, um in gemeinsamen Angelegenheiten
Beschlüsse zu fassen. Wer, glaubst *du* denn, sollte entscheiden, was falsch und was richtig ist? Du glaubst zu
wissen, was richtig ist, wenn es um den Bau der Schnellstraße geht. Andere glauben etwas anderes. Wie entscheidet man denn nun, wer Recht hat? Hast du nicht
im Hinterkopf die Vorstellung von einem objektiven
Recht, das nur eine kleine Elitegruppe erkennen kann?«

»Ich weiß nicht ... Darüber hab ich in der letzten Zeit
viel nachgedacht. Und ich bin wie Maria der Überzeu-
gung, dass ich falsch handeln würde, wenn ich nicht
alles täte, um den Bau der Umgehungsstraße zu verhindern.«

Die Audienz beim Verkehrsbauamt war beendet. Maria,
Jenny und Arvid gingen ins Café »Ogos Keller«. Dort
saß Samuel an einem Tisch und wartete auf sie. Sie be-
richteten von dem Gespräch und drehten und wende-
ten jedes Wort hin und her.

»Glatt wie eine Schlange.« Das war Marias Urteil.

»Sehr geschickt in seiner Argumentation«, meinte
Arvid.

»Was war daran so geschickt?«, fragte Maria. »Er hat
ja nur auf demokratisch gefasste Beschlüsse hingewiesen. Das machen sie doch immer.«

»Ja, aber was er da von der selbst ernannten Elite gesagt hat ... Ich glaub ja auch, dass jeder Mensch die Verpflichtung hat, das zu tun, was er für richtig hält.«

»Meinst du nicht, dass wir eher die Verpflichtung haben, das zu tun, was Recht *ist*?«, fragte Samuel.

»Schon, vielleicht. Aber wie weiß man, was Recht ist? Das ist doch das Problem. Wir glauben, dass wir Recht haben. Monsson glaubt, er hat Recht. Aber wer von uns *hat* nun Recht? Das ist die Frage.«

»Glaubst du denn, es gibt etwas, das allein Recht *ist*?«, fragte Maria. »Ist es nicht nur so, dass du die eine Meinung hast und Monsson eine andere? Gibt es wirklich ein objektives Recht?«

»Das muss es doch geben. Sonst kann es nicht richtig sein, dass wir versuchen die Umgehungsstraße zu stoppen«, meinte Samuel.

»Ist es nicht eher so, dass es gewisse Interessen gibt: Die Igel brauchen große autofreie Gebiete, die Natur verkraftet nicht unbegrenzte Belastung, der Wald wird krank von der Übersäuerung. Das sind objektive Fakten, die man mit wissenschaftlichen Methoden feststellen kann«, warf Jenny ein.

»Aber was hilft das?« Arvid zweifelte. »Stell dir vor, jemand sagt: ›Klar, der Wald ist übersäuert und die Igel sterben aus, aber ich will trotzdem mit meinem Auto zur Arbeit fahren. Ich scheiß auf den Wald und die Igel. Unsere Generation kommt zurecht, und wie es der nächsten ergeht, ist uns doch egal.‹ Können wir nachweisen, dass dieser Mann Unrecht hat?«

»In seiner Argumentation muss doch ein Fehler sein: *Wieso* sollte der Mensch so viel wichtiger sein als ein Igel? Alle Lebewesen müssen gleich wichtig sein. Wer etwas anderes glaubt, glaubt das Falsche.«

»Das finden wir«, sagte Maria. »Aber ist es nicht nur ein Gefühl? Wir haben eben ein größeres Zusammengehörigkeitsgefühl mit allem Lebendigen als so ein Autoidiot. Trotzdem kann man doch nicht behaupten, dass er nicht Recht hat. Er fühlt nur nicht so wie wir.«

»Man kann ja wohl rein wissenschaftlich beweisen,

dass zwischen uns und dem Igel kein größerer Unterschied besteht. Ich erinnere mich dunkel an den Biologieunterricht. Da hieß es, der genetische Unterschied zwischen uns und anderen Lebewesen sei verschwindend gering: ein paar Prozent in der DNA oder so.«

»Und wenn der Autoidiot behauptet, dass die paar Prozente den Ausschlag geben? Was ist dann an seiner Argumentation falsch? Wenn wir behaupten, etwas sei richtig oder erstrebenswert – was sagen wir eigentlich damit?« Arvid stolperte über die Abstraktionen.

»Was spielt denn das für eine Rolle?«, fragte Jenny.

»Na, solange wir nicht wissen, wovon wir reden, wenn wir von richtig und gut sprechen, ist es doch schwer zu entscheiden, wer Recht hat und wer nicht. Wenn wir nicht wissen, wovon wir eigentlich reden, wie sollen wir dann wissen, wie man herauskriegt, was falsch ist und was nicht? Du scheinst zum Beispiel zu glauben, wir könnten wissenschaftlich festlegen, was richtig ist und was nicht. Aber dann müssen wir ja wissen, nach welchen Eigenschaften wir suchen. Ist Richtigkeit eine Eigenschaft, die man beobachten kann, ungefähr so wie wir sehen können, dass diese Kaffeetasse hier weiß ist?«

»So kann es ja nun auch nicht sein«, meinte Maria. »Wenn ich etwas für richtig halte, dann will ich es auch tun können. Aber wenn ich sehe, dass diese Kaffeetasse weiß ist, ist das noch lange kein Grund für mich sie zu kaufen, wenn ich weiße Kaffeetassen nicht gerade am liebsten habe. Ich glaube, manche Sachen finden wir gut, ganz einfach, weil wir sie mögen, und andere Sachen, die wir nicht mögen, nennen wir schlecht.«

»Dann sind also für verschiedene Menschen unterschiedliche Sachen gut. Und welches Recht haben wir dann, die Schnellstraße zu stoppen?«

»Glaubst du nicht, dass die meisten Menschen frische Luft und gesunde Wälder gern haben?«

»Der Autoidiot scheint eher Wert auf einen größeren Motor und viel Chrom zu legen ...«

»Aber wenn er kapiert, dass er nicht beides haben kann, Auto fahren so viel er will *und* eine intakte Natur, glaubst du nicht, dass er dann einsieht, dass seine Anschauungen nicht zusammenpassen und er sich entscheiden muss? Wenn man alles durchdacht hat, was einem wichtig ist, muss man dann nicht zu dem Schluss kommen, dass gewisse Wertschätzungen weniger wichtig und andere wichtiger sind?«

»Wenn alles, was man glaubt, zusammenhängt, hat man dann nicht eine überzeugende Meinung? Ist das bei anderen Zusammenhängen nicht auch so? Man glaubt dies und das. Dann entdeckt man, dass beides gleichzeitig nicht wahr sein kann, dann muss man von einer seiner Vorstellungen abrücken, damit wieder alles zusammenpasst. Allmählich bekommt man ein zusammenhängendes Bild von der Welt. Hat man dann nicht guten Grund zu glauben, dass man ein ziemlich korrektes Bild von der Welt hat? Kann es mit Wertungen nicht genauso sein? Haben sie einen Zusammenhang, dann stimmen sie vermutlich.«

»Was stimmt?« Arvid schlug wie ein hungriger Hecht zu. »Wenn Wertungen nur ein Ausdruck unserer Gefühle und Wünsche sind, wie du glaubst, Maria, worin stimmen sie dann überein?«

Maria dachte nach.

»Na ja, wenn wir klug und vernünftig sind, dann versuchen wir doch einen Zusammenhang herzustellen zwischen dem, was wir glauben, *und* dem, was wir wünschen. Wenn unsere Wünsche nicht zusammenpassen, müssen wir entscheiden, welche uns am wichtigsten sind und welche erst in zweiter Linie kommen. Sonst schaffen wir es doch nie, das zu erreichen, was wir wünschen.«

»Aber wie sollen wir es schaffen, dass unsere Wertungen zusammenpassen? Wir finden es richtig, dass wir versuchen die Schnellstraße mit ungesetzlichen Methoden zu stoppen. Aber wir finden, die Skinheads haben kein Recht, die Asylbewerber mit ungesetzlichen Methoden loswerden zu wollen.«

»Nein, es ist schließlich auch ganz falsch, Asylbewerber zusammenzuschlagen. Niemand sollte anderen Menschen Leid zufügen. Das soll man ganz einfach lassen!«, sagte Samuel.

»Sicher! Aber was beinhaltet das? Es kann ja nicht nur so sein, dass es dem Gesetz nach in Schweden verboten ist und also bestraft wird, wenn man gegen die Gesetze handelt. Wir brechen auch die Gesetze – und wir finden, dass wir richtig handeln. Aber was glauben wir denn da?«

»Wir glauben, dass wir falsch handeln, wenn wir uns anders verhalten. Wir glauben, die Gesetze sind falsch. Man hat ja schon oft erkannt, dass Gesetze falsch sind. Denkt an die Nürnberger Gesetze in Deutschland oder die Gesetze der Apartheid in Südafrika.«

»Ja, aber wer entscheidet, was richtig und was falsch ist?«

»Du und ich. Wir *wissen*, dass es falsch ist, Menschen nach ihrer Hautfarbe zu trennen. Und übrigens – würdest du fragen, wer entscheidet, ob eine Matheaufgabe richtig oder falsch gelöst ist? Die Lösung *ist* ganz einfach richtig oder falsch. Manche finden die richtige Lösung, andere nicht. Aber da ist niemand, der entscheidet, was die richtige Antwort ist. Glaubst du, die Matheprofessoren stimmen darüber auf ihren Kongressen ab?« Samuels Stimme klang eigensinnig und eifrig.

»Und glaubst du denn, man kann genauso, wie man weiß, was mathematisch richtig ist, wissen, was moralisch richtig ist? Ist es wahr oder falsch, dass es nicht richtig ist, Asylbewerber zusammenzuschlagen?«

»Wahr natürlich. Es *ist* falsch.«

»Was meinst du mit ›wahr‹?«

»Dass es ist, wie es ist, selbstverständlich.«

»Aber vielleicht glaubt der Skinhead, es ist richtig, Asylbewerber zusammenzuschlagen?«

»Dann irrt er sich.«

»Woher weißt du das?«

»Findest du etwa, dass es richtig ist?«

»Nein, aber ich will wissen, wie man entscheidet, was richtig und was falsch ist.«

Sechstes Kapitel, in dem Arvid und Harald ein Gespräch über Wissen im Allgemeinen und moralisches Wissen im Besonderen führen

»Na, hast du Butler gefunden?« Harald schob hastig eine Schreibtischschublade zu und warf einen Blick auf das Buch, das Arvid in der Hand hielt.

»Ja, ich hab ihn in der Stadtbibliothek im Zentrum gekriegt. Komischer Typ, dieser Butler. In seiner Welt wirkt alles so geordnet. Egoismus und Altruismus stehen nicht im Gegensatz zueinander. Wir Menschen mögen einander, deswegen freuen wir uns, wenn es anderen gut geht. Und außerdem haben wir ein Gewissen, das uns sagt, was wir tun sollen. Es scheint bei ihm, als wären wir ganz einfach so programmiert, dass wir richtig handeln. Ich möchte wissen, was er gesagt hätte, wenn er das zwanzigste Jahrhundert erlebt hätte. Wenn Butler Recht hätte, wäre es vollkommen unbegreiflich, wie Menschen so viel Böses tun können.«

»Genau das hab ich auch gedacht, als ich Butler gelesen habe. Könnte es nicht daher kommen, dass wir allzu unwissend sind? Vielleicht haben wir eine schiefe Perspektive und verstehen nicht, was für Konsequenzen unsere Handlungen haben können?«

»Glaubst du, das ist so?«

»Ich weiß es nicht. Es ist ja ein alter Gedanke – den gibt es schon bei Sokrates und Platon –, dass alles Böse auf mangelnder Einsicht beruht.«

»Wenn das stimmt, müssten dann nicht die, die tatsächlich wissen, was richtig ist, mehr zu sagen haben als die anderen?«

»Zu dem Ergebnis sind auch Sokrates und Platon gekommen. Sie haben ja in der ersten Demokratie der Welt gelebt, in Athen im fünften und vierten Jahrhundert vor

Christus. Und beide haben mit genau dieser Begründung die Demokratie verurteilt.«

»So was haben wir letzte Woche beim Straßenbauamt diskutiert. Der Beamte ist die ganze Zeit auf dem Demokratieargument rumgeritten. Wir hätten uns selbst zu einer Elite ernannt, die es besser zu wissen glaubt als die Mehrheit, wenn wir versuchten, die Schnellstraße zu stoppen, meinte er. Was soll man dagegen sagen?«, fragte Arvid.

Harald dachte eine Weile nach.

»Stellt man die Frage ›Wer soll herrschen?‹, scheint die Antwort fast unvermeidbar zu sein: ›Die Besten, das heißt, die es am besten wissen, die, die das größte Wissen haben‹. Der österreichisch-englische Philosoph Karl Popper hat bei seinem großen Angriff auf Platon in *Die offene Gesellschaft und ihre Feinde* darauf hingewiesen. Er war der Meinung, dass Nazis und Kommunisten auf diese Weise argumentierten: Eine kleine Elite, die die Wahrheit erkannt hat, soll über die Gesellschaft bestimmen.«

»Komisch, Monsson, der Beamte vom Straßenbauamt, hat in diesem Zusammenhang Lenin genannt. Aber was sagt Popper? Findet er es nicht richtig, dass die, die von allem am meisten und es vor allem am besten wissen, herrschen sollen?«

»Das Problem, meint Popper, liegt darin, dass wir nicht wissen, wer es am besten weiß. Und das Wichtige in der Politik ist, dass wir uns von den Machthabern befreien können, die nicht gut sind. Die beste Möglichkeit dazu haben wir in der Demokratie gefunden. Sie versetzt uns in die Lage, dass wir uns ohne Blutvergießen von den Machthabern befreien können. Wir müssen nicht jedes Mal eine Revolution machen, wenn wir eine neue Regierung haben wollen.«

»Aber wenn die Mehrheit einen falschen Beschluss fasst, können wir uns dann ruhig hinsetzen und sagen: Das hat die Mehrheit so entschieden? Man muss nur noch tun, was sie sagt?«

»Nein, du kannst dich nie darauf berufen, dass du einfach dem Befehl gehorcht hast oder einem demokratischen Beschluss gefolgt bist.« Haralds Stimme klang zögernd. »Du bist immer für deine eigene Handlung verantwortlich. Die Demokratie ist eine praktische Art, gemeinsame Beschlüsse zu fassen, aber es gibt keine Garantie dafür, dass die Entscheidungen richtig sind. Wenn du also weißt, dass ein Beschluss ganz offenbar falsch ist ...«

»Und wie weiß man das?«

»Ja, wie soll man wissen, was richtig ist? Über diese Frage denken Philosophen schon mindestens seit dem fünften Jahrhundert vor Christus nach. Die Ersten, die darüber gegrübelt haben, nannte man Sophisten. Es waren Rhetoriklehrer im alten Griechenland. Sie lehrten, wie man argumentieren solle, damit die Menschen glauben, was man sagt. Sie haben aber ziemlich bald gemerkt, dass die Leute unterschiedlicher Gesellschaften oder Staatswesen unterschiedliche Wertvorstellungen und Sitten haben. Deshalb haben sie das Problem so formuliert: Ist Moral nur eine Frage von Konventionen, zufälligen Abmachungen, die von Gesellschaft zu Gesellschaft variieren? Oder gibt es auch etwas, das objektiv, das naturgemäß richtig ist, wie sie es ausdrückten. Gibt es also etwas, das natürlich, objektiv richtig ist?«

»Und was haben sie geantwortet?«

»Hm, manche antworteten ja, andere nein.«

»Hab ich's mir doch gedacht! Aber die, die mit ja geantwortet haben, hatten die eine Idee, wie man entscheiden kann, was objektiv richtig ist?«

»Die üblichste Antwort – das, was dann Sokrates, Platon und Aristoteles entwickelten – ist, dass die Natur des Menschen entscheidet, was gut für den Menschen ist. Das Leben, das am stärksten mit seiner Natur übereinstimmt, ist das beste für den Menschen.«

»Hm. Aber wenn die eine Sache gut ist für den einen, weil seine Natur eben so beschaffen ist, und eine ganz andere ist gut für einen andern? Oder mal angenommen, eine Sache ist gut für zwei, aber nur der eine kann sie bekommen. Wie löst man solche Interessenkonflikte?«

»Ja, ja, es gibt viele Probleme. Und man kann nicht behaupten, sie wären inzwischen gelöst. Es gibt keine allgemein anerkannten Lösungen für philosophische Probleme. Auch in unserer Zeit gibt es Leute, die glauben, Moral sei nur eine Übereinkunft, so wie es Leute gibt, die glauben, dass es eine objektive moralische Wahrheit gibt.«

»Hängt das nicht davon ab, was man unter ›richtig‹ und ›gut‹ versteht? Was sagt man da eigentlich, wenn man sagt, jemand handelt falsch?«

»Aha, darüber hast du auch nachgedacht. Unter den Philosophen des zwanzigsten Jahrhunderts ist die zentrale Frage gewesen: Was bedeuten moralische Aussagen?«

»Und zu welchem Ergebnis sind sie gekommen?«

»Das ist nicht so leicht zu sagen. Es gibt viele Aussagen in dieser Sache. Schon 1911 behauptete ein schwedischer Philosophieprofessor, dass eine moralische Aussage eher einem Gefühlsausbruch als einer Behauptung gleichkommt. Ähnliche Ideen wurden um 1920 vom Wiener Kreis um Moritz Schlick und später von Ayer in England vertreten. Man nannte es Emotivismus. Wenn man sagte, eine Handlung sei richtig, glich das eher einem Hurraruf, als dass man etwas Bestimmtes über die Handlung behauptete.«

»Sie waren also der Meinung: Wenn man sagt, jemand handelt richtig, sagt man eigentlich nur, dass einem die Handlung gefällt?«

»Nein, nicht ganz. Was du jetzt gesagt hast, ist ja wahr oder falsch: Entweder ist es wahr, dass einem die Handlung gefällt, oder es ist falsch. Das würde moralische Aussagen zu autobiografischen Berichten machen. Nein, sie meinten, moralischen Aussagen fehlt der Wahrheitsgehalt. Die Aussagen drückten bloß das Gefühl aus, aber beschrieben es nicht. Der Unterschied ist ungefähr derselbe, wie wenn man entweder *sagt*, dass man traurig ist, oder dass man weint. Ersteres beschreibt ein Gefühl, das Weinen drückt es aus.«

Arvid war nicht ganz sicher, ob er diesen Unterschied akzeptierte. Er fragte weiter:

»Gibt es auch welche, die an eine objektive moralische Wahrheit glauben?«

»Natürlich. Es gibt Menschen, die glauben, dass es moralische Eigenschaften gibt und dass moralische Aussagen wahr oder falsch sind, und zwar ungefähr auf dieselbe Art wie Aussagen über Elektronen und Quarks: Die kann man auch nicht sehen, aber wir nehmen an, es gibt sie. Unsere Annahme macht unsere Theorien zusammenhängend und nutzbar.«

»Gibt es auch Philosophen, die glauben, dass es eine Sache der Konventionen ist?«

»Sicher. Der Gedanke, dass richtige moralische Normen die sind, auf die wir uns einigen, ist nicht ungewöhnlich. Manche meinen, Normen und Wertschätzungen seien von Gesellschaft zu Gesellschaft unterschiedlich. Was also für ein Mitglied der Mafia auf Sizilien richtig ist, ist zum Beispiel für einen dänischen Bauern nicht richtig. Aber manchmal erscheint der Gedanke in einer besonderen Form: Richtig sind die moralischen Prinzipien, über die wir uns einigen sollten, wenn wir von unseren eigenen Interessen absähen und ganz unparteiisch argumentierten.«

»Und wie weiß man, zu welchen Prinzipien man in diesem Fall gelangen würde?«

»Man stellt sich eine idealisierte Situation vor, in der niemand etwas von seinen Eigenschaften oder besonderen Interessen weiß. Dann versucht man glaubwürdig zu machen, dass eine rationale Person in einer solchen Situation gewisse Prinzipien vertritt.«

»Klingt verflixt kompliziert.«

»Ist es auch. Wenn du dir eine Übersicht darüber verschaffen willst, was die Menschen über diese Fragen gedacht haben, solltest du dir einen weiterführenden Artikel in einem philosophischen Nachschlagewerk zu Gemüte führen: Schlag nach bei Metaethik, analytischer Moralphilosophie oder Ethik. Dann bekommst du einen Überblick über viele verschiedene Theorien und eine Vorstellung davon, welche Argumente dafür und welche gegen die verschiedenen Standpunkte sprechen.«

»Eine bestimmte Auskunft bekommt man also nicht?«

»Nein, so ist das mit philosophischen Problemen. Man muss selber denken. Aber etwas Hilfe bekommst du schon, besonders wenn du mehrere Artikel in verschiedenen Nachschlagewerken liest und vielleicht auch in einige der Bücher schaust, die erwähnt werden. Unter anderem hilft es dir, zwischen verschiedenen Fragen zu unterscheiden. Eine Frage gilt ja genau dem, worüber wir eben gesprochen haben: Was bedeuten moralische Aussagen – was sagen wir über eine Handlung aus, wenn wir sagen, sie sei richtig? Ein anderes – und eigentlich aufregenderes – Problem ist die Frage:

Können wir überhaupt wissen, was richtig ist? Und wenn es so ist, was beinhaltet es, wenn wir sagen, dass wir es wissen?«

»Ja, darüber hab ich in der letzten Zeit viel nachgedacht.«

»Und die dritte Frage ist: Gibt es moralische Eigenschaften auf der Welt? Ist die Welt so beschaffen, dass gewisse Handlungen richtig und gewisse Zustände gut sind? Oder gibt es keine solchen Eigenschaften? Vielleicht projizieren wir das nur in die Wirklichkeit?«

Arvid biss sich an der vorhergehenden Frage fest.

»Können wir wissen, was richtig ist?«

»Zuerst müssen wir wohl eine Antwort darauf finden, was nötig ist, damit wir überhaupt etwas wissen. Woher weißt du zum Beispiel darüber Bescheid, dass der Autoverkehr für die Natur schädlich ist?«

»Na, von den Wissenschaftlern natürlich, die uns gesagt haben, dass es so ist.«

»Dann vertraust du also den Wissenschaftlern. Aber unterschiedliche Wissenschaftler haben unterschiedliche Auffassungen, zum Beispiel vom Treibhauseffekt. Wie weiß man, wer Recht hat? Und was meinst du, woher die Wissenschaftler wissen, dass ihre Theorien stimmen?«

»Sie haben Experimente gemacht und das Waldsterben beobachtet. Man kann doch den Säuerungsgrad des Bodens entlang der stark befahrenen Straßen messen. Und dann kann man das Wachstum der Bäume in übersäuertem Boden messen.«

»Du meinst also, man macht Beobachtungen und stellt Theorien auf, die man bei neuen Beobachtungen unter kontrollierten Bedingungen beobachtet? Wenn die Beobachtungen die Theorien bestätigen, nehmen wir an, die Theorien stimmen. Wenn die Beobachtungen nicht mit den Theorien übereinstimmen, verwerfen wir sie.«

Harald lächelte vor sich hin. Er versuchte Poppers Wissenschaftstheorie so darzustellen, dass sie ein Achtzehnjähriger verstand. War es ihm gelungen?

»Hast du dir mal amerikanische Filme oder Fernsehserien angeschaut, in denen die meiste Zeit dramatische Gerichtsszenen gezeigt werden?«

»Wer könnte denen entgehen?«

»In ihnen geht es darum herauszufinden, wer die schönen Mädchen am Anfang des Films ermordet hat. Alles weist auf die Hauptperson hin. Aber dann zerbröselt sein Anwalt die Beweise vor Gericht. Im Prinzip ist es die gleiche Methode wie in der Wissenschaft oder auch im Alltag. Die Polizei hat ein paar Verdächtige. Sie formuliert eine Hypothese, dass Harrison Ford der Mörder ist. Es ist die einfachste Hypothese und vieles deutet darauf hin, dass er es war. Dass er der Mörder war, ist vereinbar mit allem, was man über die Morde weiß, und würde viele Details erklären. Aber eine Voraussetzung ist natürlich, dass er am Ort war, als die Mädchen ermordet wurden. Wenn es dem Anwalt gelingt zu beweisen, dass Harrison Ford sich zur Zeit der Morde an einem ganz anderen Ort aufhielt, ist klar, dass er sie unmöglich begangen haben kann – niemand kann an zwei Orten gleichzeitig sein. Im wirklichen Leben – genau wie in der Wissenschaft – ist es oft eine Frage der Indizienbeweise: Alles, was wir wissen, spricht dafür, dass eine gewisse Person das Verbrechen begangen hat. Aber ganz sicher können wir nicht sein. Wenn man jedoch feststellen kann, dass der Angeklagte ein Alibi hat, oder also zum Beispiel mit Sicherheit weiß, dass er sich woanders befunden hat, dann ist die Sache klar. Egal, wie viel für seine Schuld spricht, er kann es nicht gewesen sein. Ich glaube, wir argumentieren in alltäglichen und in wissenschaftlichen Zusammenhängen ungefähr gleich: Wir formulieren auf mehr oder weniger unsicherem Boden Hypothesen, vergleichen sie mit dem, was wir sonst noch wissen und herausbekommen können. Solange wir nichts finden, was der Hypothese widerspricht, halten wir daran fest. Machen wir jedoch eine Beobachtung, die nicht mit ihr vereinbar ist, dann müssen wir sie aufgeben.«

Arvid hatte eine Weile versucht, Harald zu unterbrechen. Ohne Erfolg. Jetzt fuhr er dazwischen:

»Stell dir vor, du glaubst an eine moralische Theorie, die besagt, dass Handlungen nur dann richtig sind, wenn sie so viel Übergewicht an Glück über Unglück wie möglich hervorrufen. Die Menschen sollen glücklich werden und nicht leiden müssen, allein darauf kommt es an. Aber dann beobachtest du eine Handlung, die den Überschuss an Glück zwar steigert, die du aber trotzdem nicht für richtig hältst: Müsstest du deine moralische Theorie dann nicht aufgeben?«

»Doch, aber kann ich *beobachten*, dass die Handlung falsch ist? Und kann ich sicher sein, dass ich sie richtig sehe?«

»Hm, das ist natürlich ein Problem. Aber es gibt Leute, die glauben, sie können es.«

»Wenn wir aber zwei sind, die dieselbe Handlung beobachten, kann durchaus einer von uns beiden finden, sie ist richtig, und der andere findet sie falsch. Wie entscheidet man dann, wer von uns beiden Recht hat?«

»Vielleicht kann man erkennen, wer von euch beiden die zusammenhängendsten Ansichten hat. Wenn einer von euch alles sehr gut durchdacht hat und das, was er glaubt, mit allem anderen, was er glaubt, übereinstimmt. Während du in einer Situation etwas so beurteilst und in einer anderen, die der ersten ziemlich ähnlich ist, anders. Findest du nicht auch, dass es dann Grund genug gibt, nicht dir, sondern dem andern zu glauben?«

»Auch wenn im Wahnsinn Methode ist, bleibt es trotzdem Wahnsinn. Ein total Verrückter schafft es doch, dass alles mit seinen eigenen Theorien übereinstimmt. Ich kenne einen paranoiden Jungen: Alles, was passiert, deutet er so, dass er verfolgt wird. Und dass es niemand merkt, beweist für ihn nur, dass alle an der Konspiration beteiligt sind.«

»Dann musst du von den moralischen Vorstellungen ausgehen, bei denen du dich am sichersten fühlst: Du bist ja wohl sicher, dass irgendetwas nicht in Ordnung ist. Also versuchst du eine Theorie von außen zu konstruieren, ausgehend von dem, dessen du dir am sichersten bist, und die testest du dann an anderen Fällen.«

»Aber wenn sie mit anderen Fällen nicht übereinstimmt, kann es doch davon kommen, dass es unterschiedliche Situationen sind. Vielleicht ist es nicht dieselbe Sache, die alle Handlungen falsch beziehungsweise richtig macht. In einer Situation ist das eine entscheidend, in einer anderen ist es etwas anderes. Wenn ich Maria verspreche, sie am Kiosk zu treffen, ist das ein Grund, pünktlich dort zu sein, und das ist richtig. Aber wenn ich den Bullen verspreche, keine Plakate mehr an die Stromverteiler zu kleben, ist das für mich kein Grund, mein Versprechen zu halten.«

»Manche glauben, dass es sich genau so mit der Moral verhält. Aber in diesem Fall ist es sehr schwer, eine moralische Theorie aufzustellen. Und außerdem: Müssen dann nicht zwei genau gleiche Handlungen – ausgeführt in gleichen Situationen – die gleichen moralischen Eigenschaften haben, obwohl sie von verschiedenen Personen ausgeführt wurden?«

»Gibt es zwei Handlungen, die genau gleich sind?«

»Glaubst du überhaupt, dass es etwas gibt, was Handlungen richtig oder falsch macht?«

»Ich glaube jedenfalls, dass es richtige und falsche Handlungen gibt. Sonst würden wir gar nicht danach fragen, wie wir uns verhalten sollen und würden nicht nach Gründen suchen, warum eine Handlung richtig und eine andere falsch ist. Wir glauben, dass es eine Antwort gibt.«

»Aber kann es solche Eigenschaften wie richtig oder falsch geben? Wenn wir sagen, dass eine Handlung falsch ist, sagen wir dann nicht so etwas Ähnliches wie: Lass das! Meinst du, in bestimmten Handlungen kann es eine *Eigenschaft* geben, die darin besteht, richtig zu sein?«

»Vielleicht, ich weiß es nicht.«

»Sind das nicht ziemlich seltsame Eigenschaften? Sind es nicht Eigenschaften, die von anderen Eigenschaften abhängen – dass man ein Versprechen hält oder einen Menschen aus einer Notsituation rettet –, Eigenschaften, die dich außerdem noch motivieren sollen, etwas zu machen? Kann es Eigenschaften geben, die plötzlich rein objektiv vorhanden sind und dich außerdem motivieren zu handeln?«

»Na ja, im letzten Punkt bin ich nicht der Meinung. Ich kann sehr wohl einsehen, dass eine gewisse Handlung falsch ist, und trotzdem so handeln. Ich muss nicht motiviert werden, es zu lassen, nur weil ich einsehe, dass es falsch ist.«

»Was hast du denn eingesehen bei der Handlung?«

»Ich weiß nicht.«

Siebtes Kapitel, in dem Johan Hasch raucht und neue
Welten entdeckt

»Hau ab! Hau bloß ab! Wir haben beschlossen, dass hier
eine drogenfreie Zone ist, und dann wagst du hier high
wie ein Wolkenkratzer zu erscheinen!« Jenny war aufgebracht. Johan schwankte und kicherte vor sich hin.

»Was denn, von so 'nem bisschen Gras ist noch keiner
gestorben!«

»Darum geht's doch gar nicht, sondern darum, dass
wir alle zusammen beschlossen haben, dieses Haus dro-
genfrei zu halten. Stell dir vor, die Nachbarn, die Bullen
oder das Straßenbauamt kriegen Wind davon, dass hier
jemand so 'n Zeug raucht – du kannst dir ja wohl aus-
malen, was das für einen Aufstand gibt. Das sind ja bloß
so ein paar kleine Herumtreiber, die einen Platz brauchen, wo sie kiffen können. Da kann man mal sehen,
was das für Typen sind! Dann gerät die ganze Aktion in
ein schlechtes Licht. Wir haben doch so eine positive
Presse gekriegt, viele Leute unterstützen uns. Du setzt
unsere Aktion aufs Spiel!«

Alle waren sich einig. Johan musste das Haus sofort
verlassen. Aber als er tatsächlich davongetrottet war,
bekam Maria ein schlechtes Gewissen.

»Einer müsste ihn begleiten und aufpassen, dass er
heil nach Hause kommt und sich nicht hier in der Gegend rumtreibt.«

Arvid stand auf und ging Johan nach. Bald sah er ihn,
wie er sich vom U-Bahnhof entfernte, verzichtete aber
darauf, ihn in die richtige Richtung zu ziehen. Er fand es
besser, wenn sie einen langen Spaziergang zur nächsten
Haltestelle machten, als sich ausgerechnet auf der Station zu zeigen, wo das Bahnpersonal die Hausbesetzer
schon kannte.

Schweigend gingen sie nebeneinander her.

»Warum?«, fragte Arvid.

»Hast du's noch nie probiert?«, fragte Johan zurück. »Das Bewusstsein erweitert sich, du siehst Sachen, die du sonst nie sehen würdest.« Er sprach langsam mit überdeutlicher Artikulation. »Siehst du diese Blume?«

»Geißfuß«, sagt Arvid automatisch.

»Aber *siehst* du die Blume?«, beharrte Johan. »Siehst du, dass es eine ganze Welt ist, ein Sonnensystem aus weißen Planeten, Sternen, die durchs Universum strahlen? Nur wenn man gekifft hat, sieht man, wie die Welt wirklich ist.«

»Glaubst du, die Cannabismoleküle beeinflussen dein Gehirn so, dass du die Welt siehst, wie sie wirklich ist? Und bei normalem Bewusstsein siehst du sie falsch?«

»Klar, so hab ich diese Blume noch nie gesehen. Aber ich bin sicher, dass sie in Wirklichkeit so aussieht.«

»*Jetzt* bist du sicher, ja. Aber bist du noch genauso sicher, wenn dein Rausch vorbei ist?«

»Vielleicht nicht. Aber jetzt sehe ich sie wirklich.«

»Wie kannst du so sicher sein, dass das, was du jetzt siehst, das einzig wahre Bild ist? Hättest du LSD genommen, wäre die Blume vielleicht ein bedrohliches Monster geworden. Wärst du besoffen, würdest du sie undeutlicher sehen. Wärst du farbenblind wie eine Kuh, würdest du sie noch anders sehen. Ganz zu schweigen davon, wie du sie als Fliege oder Biene sehen würdest. Die chemischen Substanzen im Hasch haben einfach deine Sehweise verändert. Diese Blume kann vermutlich unendlich verschieden aussehen, es hängt ganz davon ab, wer du bist und was du in dich reinschmeißt.«

»Und davon, was ich auf mich drauf schmeiße«, sagte Johan kichernd. »Wenn ich eine Sonnenbrille auf-

setze, kriegt sie eine andere Farbe. Und bei Sonnen-
untergang ...«

Ja, wie sieht die Welt eigentlich aus?, dachte Arvid.
Sieht sie überhaupt auf eine bestimmte Weise aus? Ihm
schwindelte, als er begriff, dass er niemals erfahren
würde, wie eine Fliege die weiße Blüte vom Geißfuß
sieht. Man bewegt sich in einer Welt, die vertraut und
greifbar ist und von der man glaubt, dass man sie auf
eine bestimmte Weise kennt. Aber man kann sie ja auch
noch auf sehr unterschiedliche Art und Weise wahrnehmen.

»Hast du schon mal LSD ausprobiert?«, fragte er.

»Nur ein paar Mal«, murmelte Johan. »Damit landet
man wirklich in einer anderen Welt.«

»Du *meinst* vielleicht in einer anderen Welt zu lan-
den«, sagte Arvid. »Aber die Welt ist doch die ganze
Zeit dieselbe.«

»Woher weißt du das? Woher willst du wissen, dass
es nicht mehrere verschiedene Welten gibt? Vielleicht
kannst du die anderen Welten nur wahrnehmen, wenn
du eine chemische Substanz einnimmst. Du kannst
nicht sehen, wie es in Afrika ist, ohne dorthin zu reisen.
Du kommst nicht in die alternativen Welten, ohne Mes-
kalin oder LSD zu nehmen.«

»Aber ist die Welt nicht nur *eine,* obwohl sie in den
Augen verschiedener Individuen sehr unterschiedlich
aussehen kann? Die Welt, die wir wahrnehmen, ist
natürlich durch unsere Sinnesorgane gefiltert. Ein Hund
zum Beispiel nimmt mehr Düfte wahr als wir und hört
Geräusche, die wir nicht hören. Aber die Düfte und
Geräusche sind da.«

»Glaubst du, dass die Farben, Düfte und Geräusche
einfach da sind? In der physischen Wirklichkeit gibt es
vielleicht Druckveränderungen, aber *das Geräusch*, das

du hörst oder der Hund hört, ist nur etwas, das es in deinem Bewusstsein gibt. Und wenn ich mein Bewusstsein mit Hasch erweitere, dann sind die Geräusche und Farben in mir. Aber das ist kein Unterschied zu deinem Erlebnis. Das ist auch nur in dir. Und wenn ich kiffe, sehe und höre ich mehr.«

»Siehst du denn die Wirklichkeit? Ist das nicht eher eine verzerrte Wirklichkeit, eine Kombination aus Sinneseindrücken – die wirkliche Blume und Chemie?«

»Und was meinst du, wie deine eigenen Sinne funktionieren? Glaubst du nicht, dass darin auch Chemie enthalten ist, nur eine andere Art Chemie? Wieso bist du überhaupt so sicher, dass es nur *eine* Wirklichkeit gibt? Vielleicht gibt es mehrere? Ich sehe eine, du siehst eine andere. Wir alle leben vielleicht jeder in seiner eigenen Welt. Keiner von uns sieht ja genau dasselbe. Kannst du überhaupt sicher sein, dass das, was du siehst, auch außerhalb von dir existiert? Du bist es, der es sieht, du nimmst den Geruch wahr, du spürst die Blume in deiner Hand, aber das Erlebnis ist die ganze Zeit in deinem Bewusstsein.«

»Wir gucken uns doch gerade dieselbe Blume an«, wandte Arvid ein.

»Ja, ich meine zwar, dich diese Blume anstarren zu sehen, aber ich meine das ja nur. Wer weiß, du bist vielleicht nur etwas, was ich erlebe: Dich gibt es in meinem Traum, genau wie es Jenny kürzlich nachts in meinem Traum gab.«

Arvid zerrte Johan am Arm und sie gingen weiter zur nächsten U-Bahnstation.

»Mir ist, als hätte mich jemand am Arm gezerrt«, brummte Johan zufrieden.

Als sie den U-Bahnhof erreicht hatten, fand Arvid, Johan sähe schon bedeutend nüchterner aus. Er wirkte zwar träge und hatte rote Augen, aber ansonsten ziemlich normal. Er versprach direkt nach Hause zu fahren und zu schlafen. Arvid fuhr mit der anderen Bahn eine Station zurück und besuchte Harald in der Bibliothek. Er musste mit ihm reden.

Er ging das Gespräch mit Johan noch einmal durch, soweit er sich daran erinnerte, vor allem die Gedanken, die es in ihm ausgelöst hatte. Harald hörte schweigend zu und sah ihn nachdenklich an. Er überlegte, ob es an der Zeit war, die Verantwortung eines Erwachsenen zu übernehmen und einen Vortrag über die Schädlichkeit von Haschisch zu halten. Aber Arvid schien ihm vernünftig genug, und er verzichtete darauf. Stattdessen griff er auf, was Arvid über die Welt und die unendlich vielen Möglichkeiten, sie zu sehen, gesagt hatte.

»Da haben wir ein klassisches philosophisches Problem. Wie ist die Welt eigentlich? Wie sollen wir zwischen Schein und Wirklichkeit unterscheiden? Ein und dieselbe Sache erscheint bei verschiedenen Gelegenheiten und für verschiedene Individuen unterschiedlich. Wie ist die Welt eigentlich? Wie ist es zum Beispiel mit Farben und Gerüchen? Gibt es sie auf der Welt oder sind sie nur etwas, das in unserem Bewusstsein als Resultat, wie die Welt uns beeinflusst, entsteht? Diese Nuss ist für Philosophen schwer zu knacken, wie man früher gesagt hätte. Im siebzehnten und achtzehnten Jahrhundert war es üblich, zwischen primärer und sekundärer Qualität zu unterscheiden: Masse, Bewegung und Form – Eigenschaften, die messbar waren und in einem bestimmten Sinn physisch – wurden für primär angesehen. Farben und Gerüche und so weiter gab es nur in unserer Wahrnehmung der Welt.«

»Aber die Farben sind doch nur unsere Art, verschiedene Wellenlängen des Lichts wahrzunehmen«, wandte Arvid ein. »Und die Wellenlängen sind ja wohl physisch und messbar? Besteht denn so ein großer Unterschied zwischen der Farbe und der Form eines Gegenstandes: Der ist doch auch etwas, das wir auf besondere Art wahrnehmen?«

»Nein, die Unterschiede sind vielleicht nicht so groß. In England hat im achtzehnten Jahrhundert ein Philosoph namens Berkeley gelebt, der hat genauso gedacht. Und da alles, was wir von der Welt wissen, auf unseren Sinneseindrücken basiert, sind vielleicht Sinneseindrücke eigentlich das Einzige, was es gibt. Berkeleys Idee hat viel Ähnlichkeit mit Johans letzten Überlegungen, finde ich. Berkeley hat so argumentiert: Soweit wir wissen, hat Gott Erlebnisse geschaffen. Wir wissen das, weil wir Erlebnisse haben – wir sehen Blumen und Tische, Stühle und Menschen. Aber warum sollten wir glauben, dass Gott außerdem physische Gegenstände geschaffen hat, die unseren Erlebnissen entsprechen? Warum sollte er die Welt sozusagen verdoppeln? Dass es Wahrnehmungen von Blumen und so weiter gibt, wissen wir, da wir direkt zu ihnen Kontakt haben. Aber eine physische Welt hinter unseren Wahrnehmungen – die werden wir nie zu fassen kriegen. Wir können ja nie sehen, wie die Welt aussieht, wenn wir sie nicht anschauen, falls du verstehst, wie ich das meine?«

Doch, Arvid meinte zu verstehen. Aber sicher konnte er ja nicht sein. Er konnte schließlich nicht wissen, was Harald dachte, er konnte es jedenfalls nicht von innen her erfahren. Noch weniger konnte er wissen, ob er Berkeley richtig verstanden hatte. Falls Berkeley nun tatsächlich etwas gedacht hatte. Vielleicht war er nur eine Erfindung von Arvids eigenem Bewusstsein.

Harald war verstummt. Er beobachtete Arvid. Fast meinte er die Gedanken zu sehen, die in Arvids Kopf herumwirbelten. Nach einer Weile sagte er langsam:

»Findest du jetzt, du bist Gott, der das Universum erschaffen hat?«

»So was in der Richtung ist mir tatsächlich durch den Kopf gegangen. Aber es fällt mir schwer, mich von dem Gedanken zu befreien, dass die Welt unabhängig von mir existiert.«

»Sicher, dieser reine Idealismus erscheint wohl den meisten wie ein Gedankenspiel – witzig, aber wahnsinnig. Es ist allerdings sehr schwer, das Gegenteil zu beweisen, wenn man es ein bisschen spitzfindig ausdrückt. Eigentlich frage ich mich, ob nicht Kant die besten Ideen auf diesem Gebiet hatte: Er hält daran fest, dass es eine von uns unabhängige Wirklichkeit gibt, und zwar auf eine bestimmte Weise. (Arvid schien protestieren zu wollen, hielt seinen Widerspruch jedoch zurück.) Unser Bild von der Wirklichkeit ist keine direkte Kopie – wie sollte man sich die vorstellen –, sondern unsere Welt, die wir wahrnehmen und erforschen und in der wir leben, das ist ganz einfach die Welt in uns, gefiltert durch unsere Begriffe, unsere Sinne, unsere Art sie wahrzunehmen. Unsere Welt ist eine Kombination aus der Welt und uns. Wir müssen sie mithilfe unserer Sinne wahrnehmen, unseren Begriffen und unseren Theorien. Eine Kamera mit einem Schwarzweiß-Film unterscheidet nur zwischen hell und dunkel, ein Film, der auf Infrarotlicht reagiert, gibt ein Bild mit Wärmeunterschieden wieder, ein Farbfilm gibt ein Bild, das unserem Sehen entspricht. Wie die verschiedenen Filme können auch wir die Wirklichkeit nur so wahrnehmen, wie wir konstruiert sind. Das bedeutet jedoch nicht, dass unser Bild von der Welt ganz beliebig ist. Darum können wir Theorien widerlegen, indem wir sie an der Wirklichkeit erproben: Die Wirklichkeit kann nicht jeder beliebigen Theorie angepasst werden.«

»Heißt das, wir können nie erfahren, wie die Wirklichkeit eigentlich ist – an und für sich sozusagen?«

»Du begreifst schnell! Ja, genau das ist eine von Kants Schlussfolgerungen: Metaphysik, das heißt Theorien zu finden darüber, wie die Wirklichkeit an und für sich eigentlich ist, ist ein unmögliches Projekt. Wir können uns nicht selbst an den Haaren hochziehen und wir können nicht aus unserer eigenen Wahrnehmung der Welt aussteigen. Wir können davon abstrahieren, wir können mehr lernen, wir können unsere Theorien verfeinern. Aber wir können die Welt in sich nicht sehen, wie sie ist, ohne dass wir sie wahrnehmen und beschreiben.«

»Aha, dann ist es also nach Kant aus mit der Metaphysik?«

»Natürlich nicht, was denkst du denn!«

Achtes Kapitel, in dem Maria schwanger ist und man darüber nachdenkt, wann ein Mensch ein Mensch wird

»Was soll ich tun?« Maria saß schluchzend auf der Küchentreppe. »Was soll ich nur tun?«

Jenny hatte ihr einen Arm um die bebenden Schultern gelegt.

»Was ist denn los?«

»Ich bin schwanger«, flüsterte Maria.

»Bist du sicher?«

»Ja, fast. Ich hätte schon vor über einer Woche meine Tage kriegen müssen.«

»Hast du keinen Test gemacht?«

»Nein, noch nicht. Ich hab mich nicht getraut.«

»Aber du musst doch Gewissheit haben.«

»Gehst du mit zur Apotheke?«

»Na klar.«

»Der Strich ist blau! Der ist doch blau, oder?!«

Maria und Jenny hatten sich auf der Toilette eingeschlossen. Das Wasser im ganzen Haus war zwar abgestellt, aber die Hausbesetzer hatten einen Eimer mit Deckel hingestellt und man konnte wenigstens die Tür hinter sich abschließen. Vor der Tür hörten sie die andern bei der Essensvorbereitung lärmen und reden. Samuel versuchte »Bandiera ross« zu singen. Die Stimmung war ausgelassen, nachdem jemand laut einen Artikel aus der Zeitung vorgelesen hatte, in dem sich Lars Gyllensten, Mitglied der Akademie, für die Unterstützung der Hausbesetzung ausgesprochen hatte. Sie spürten, dass sie die öffentliche Meinung auf ihrer Seite hatten. Am nächsten Tag wollte ein Journalist vom Abendblatt kommen. Einige diskutierten, wer dabei sein und sich äußern sollte und was man sagen wollte.

Maria saß auf dem unbenutzbaren Klo und weinte. Samuel hämmerte gegen die Tür.

»Essen ist fertig! Was treibt ihr da drinnen?«

»Wir kommen, wir kommen«, rief Jenny.

»Du siehst aus, als hätte dir jemand die Butter vom Brot geklaut«, sagte Samuel, »als ob dir alle Felle davongeschwommen wären.« Er, Maria, Jenny und Arvid standen unter dem großen Apfelbaum im Garten. Samuel und Jenny rauchten.

»Maria kriegt ein Kind«, sagte Jenny, nachdem Maria ihr resigniert zugenickt hatte. Sie sahen Maria an.

»Was soll ich machen?«

»Du musst dir so schnell wie möglich einen Termin für die Schwangerschaftsunterbrechung geben lassen«, sagte Jenny.

»Aber ...«

»Das ist doch ein neues Leben ...«, sagte Samuel.

»Wer?«, fragte Arvid.

»Wer der Vater ist?«, sagte Maria. »Nach dem Wohltätigkeitskonzert vor einem Monat, der Schlagzeuger von den *Toten Hunden*.«

»Weiß er was?«

»Nein, ich hab ihn seitdem nicht wieder getroffen. Was soll ich bloß machen?«

»Möchtest du ein Kind ... jetzt?«, fragte Arvid.

»Natürlich will ich jetzt kein Kind haben und nicht von ihm.«

»Dann musst du doch eine Abtreibung machen lassen!«, sagte Jenny energisch.

»Aber ...«

»Du hast einen kleinen Menschen im Bauch ...« Samuels Stimme klang zögernd.

»Noch ist es nur ein Embryo«, sagte Jenny. »Bis zur

zwölften Woche darf man ohne weiteres abtreiben. Darüber brauchen wir doch gar nicht lange zu reden.«

»Was die Gesetze erlauben, muss ja noch lange nicht richtig sein«, sagte Samuel. »Hat man wirklich das Recht, einen Menschen umzubringen, nur weil es für Maria schwierig wird, sich um das Kind zu kümmern?«

»Natürlich kann man einen Menschen nicht einfach aus Bequemlichkeit umbringen«, sagte Arvid. »Aber sie würde es ja nicht in erster Linie aus Bequemlichkeit tun. Für beide, Maria und das Kind, wird es sehr schwer werden. Und ein Kind muss erwünscht sein und möglichst auch einen Vater haben. Zweitens wissen wir nicht, ob es wirklich schon ein Mensch ist. Es hat wohl noch keine Wünsche oder ein Denkvermögen. Ist es dann bereits ein Mensch?«

»Ich weiß nicht, was ich tun soll! Ist es ein Mensch oder nicht? Hab ich das Recht, es abtreiben zu lassen?«

»Selbstverständlich lässt du es abtreiben.« Jennys Stimme klang erregt. »Du bist achtzehn . . .«

»Wenn das Kind kommt, bin ich fast neunzehn.«

»Du bist noch nicht mit deiner Ausbildung fertig. Du musst in Zukunft von Sozialhilfe leben. Was wird das für ein Leben für dich und für dieses . . .«

»Aber kann man denn bereit sein ein Kind zu töten, nur um seine Ausbildung zu beenden?« Das war wieder Samuel.

»Es ist kein Kind – es ist nur etwas, das ein Kind wird, wenn . . . wenn man nichts dagegen unternimmt«, sagte Jenny.

»Wie weiß man das?«

»Ja, was macht einen Menschen eigentlich zum Menschen? Dass er denken kann? Dass er fühlen kann? Dass er das Leben außerhalb der Gebärmutter bewältigt? Dass er menschliche Gene hat?«

»Es kommt wohl auf den Zusammenhang an«, sagte Arvid ein wenig zögernd. »Wenn wir nur wissen wollen, ob ein Mensch oder ein Sack Kartoffeln auf der Straße liegt, dann ist in diesem Zusammenhang ja nicht mal wichtig, ob der Betreffende lebt oder nicht. Wollen wir den Unterschied zwischen Menschen und Tieren wissen, dann ist wohl die Zusammensetzung der Gene entscheidend. Aber wir finden ja, dass Menschen *und* Tiere, genauso Pflanzen ein Recht zu leben haben. Dann muss es also mit dem Leben an sich zu tun haben ...«

»Genau, dann muss Maria das Kind also behalten«, fand Samuel.

»Es lebt aber doch nur als ein Teil von Maria. Wenn Marias Zukunft durch den Blinddarm bedroht wäre – der ja auch etwas Lebendiges ist –, dann würdest du doch wohl nicht sagen, er müsste am Leben erhalten werden?«

»Natürlich nicht, aber ...«

»Bist du Katholik oder warum siehst du hier ein Problem? Es ist doch selbstverständlich, dass die Frau selbst über ihren eigenen Körper bestimmen darf. Möchtest du eine Anti-Abtreibungs-Gesetzgebung wie die Fundamentalisten in den USA einführen? Ich hab ehrlich nicht geglaubt, dass jemand von uns ...«

»Nein, das will ich natürlich nicht. Solche Gesetze bringen eine Menge Elend über die ganze Welt, illegale Abtreibungen, schlechte Methoden, hygienische Risiken und so weiter. Aber es ist ja eine völlig andere Frage, ob es *richtig* ist, oder?«

Jenny legte einen Arm um Maria.

»Wir sind ja verrückt. Da reden wir über Abtreibung, als sei das ein rein theoretisches Problem, als ob es nicht um Maria geht, und die muss sich nun mal entscheiden.«

Sie sahen Maria beschämt an. Maria hob langsam den Kopf und sah die andern an, lächelte mit blassem Gesicht.

»Nein, redet nur weiter. Es ist beinah schön, euch zuzuhören ... Das lenkt mich ein bisschen ab. Es ist fast so, als ob es um jemand anderen ginge. Und es ist gut zu wissen, dass es genauso verwirrend und schwer ist, wie ich es selbst empfinde: Es gibt keine selbstverständliche Antwort. Redet weiter. Vielleicht sieht man allmählich, was die Fragen sind, auch wenn man die Antworten nicht weiß.«

Arvid sah Maria aufmerksam an. Das kam ihm bekannt vor, er hatte Ähnliches gedacht. Er bewunderte Maria, die sich so in die Situation hineindenken konnte, in der sie sich selber befand.

Aber das Gespräch kam nicht wieder richtig in Gang. Sie standen stumm da, jeder in seine eigenen Gedanken versunken, bis es anfing zu nieseln. Da gingen sie ins Haus.

Am nächsten Tag waren Arvid und Maria unterwegs und klebten Plakate.

»Was meinst du, was ich machen soll?«, fragte Maria.

»Ich weiß nicht«, antwortete Arvid vorsichtig.

»Aber du hast doch immer so viele Ideen«, sagte Maria. »Du denkst über alles Mögliche zwischen Himmel und Erde nach. Kannst du mir nicht helfen? Sonst sagst du ja auch, man muss gut nachdenken. Also, denk jetzt nach! Was denkst du über meine Situation?«

»Ich weiß es wirklich nicht. Es gibt so viele Wenn.«

»Was meinst du mit wenn?«

»Erstens wissen wir nicht, was unsere Handlungen richtig oder falsch macht. Wir sind ja nicht mal sicher, ob es wirklich richtige Antworten auf moralische Fragen gibt. Denn es ist ja wohl eine moralische Frage, über die du nachdenkst?«

Sie hatten eine passende Fläche an der Straße gefunden und mit einem Blick über die Schulter klebten sie ruhig und fachmännisch vier Plakate an.

»Die moralische Frage ... Ich bin nicht mal sicher, ob ich weiß, was das ist.«

»Siehst du, nicht mal wir wissen, was das ist. Du bist nicht mal sicher, was für eine Frage du stellst.«

»Das spielt ja wohl verflixt noch mal keine Rolle, was für eine Art von Frage ich stelle. Ich weiß sehr wohl, was ich frage: *Was soll ich tun?* Was meinst du? Du weichst die ganze Zeit aus.«

»Ich suche doch eine Antwort. Es ist nur so, dass ich selbst nicht weiß, was ich finde. Ich versuche es herauszubekommen. Ein erster Schritt war, dass ich versucht habe, die Frage zu verstehen: Ich hab angenommen, dass du wissen wolltest, was du tun sollst, wenn alles, was Bedeutung hat, gegeneinander abgewogen wurde, wenn alles zu allem kommt, wie mein alter Mathelehrer zu sagen pflegte. Und da hab ich gedacht ... dass du wohl eine moralische Frage stellst.«

»Ich scheiß drauf, was für eine Art von Frage das war!«

»Gut, aber dann hab ich gedacht, dass es vielleicht leichter gewesen wäre, wenn du eine andere Art von Frage gestellt hättest. Zum Beispiel: Was wäre für mich am besten? Oder was ist nach schwedischen Gesetzen erlaubt? Oder: Was würdest du davon halten, wenn ich eine Abtreibung vornehmen lasse? Aber da du wissen willst, was du tun *solltest*, wenn man alles berücksichtigt, was eine Rolle spielt, wird es sofort komplizierter. Was spielt denn eine Rolle? Wie wissen wir, auf was wir Rücksicht nehmen sollen, und wie wissen wir, dass wir alles berücksichtigt haben, was wesentlich ist? Wer weiß, vielleicht ist es nicht nur schwer, das zu wissen – vielleicht ist es unmöglich.«

»Warum?«

»Weil es nichts zu wissen gibt. Vielleicht gibt es keine wahren Antworten auf moralische Fragen ...«

»Wahre Antworten? Meinst du objektiv wahre, wahr für alle Menschen? Du glaubst doch wohl selber nicht, dass es das gibt?«

»Doch, genau das meine ich. Man fragt nicht, wenn man nicht glaubt, dass es eine wahre Antwort gibt. Man begründet seine Meinungen nicht, wenn man nicht glaubt, dass die Gründe beweisen können, dass die Meinungen wahr sind. Man bekämpft keine Schnellstraße, wenn man nicht sicher ist, dass Schnellstraßen den Untergang bedeuten, das heißt, dass sie wirklich schädlich sind, dass es stimmt: Sie bedrohen das Leben auf der Erde.«

»Ich glaube nicht, dass es solche Antworten gibt. Ich möchte nur wissen: Was meinst du, soll ich tun?«

»Meine spontane und unmittelbare Reaktion ist natürlich: Ich finde, du sollst abtreiben lassen. Ich finde, du bist hier bei uns wichtig, du bist zu jung, um ein Kind zu bekommen und die Erde ist ja im Ganzen gesehen sowieso überbevölkert.«

»Aha, und was hatte all das andere Gerede zu bedeuten? Dass es so kompliziert ist und was für eine Art von Frage es ist und so weiter und so weiter.«

In dem Augenblick bemerkten sie ein Polizeiauto, das langsam am Gehweg entlangfuhr. Sie versuchten unschuldig auszusehen – zwei auf einem Spaziergang mit einem Eimer Tapetenkleister in der einen Hand und einem Bündel Plakaten in der anderen. Das Polizeiauto verschwand, aber aus Erfahrung wussten sie, dass es in fünf bis sechs Minuten von hinten wiederkommen würde. Deshalb nutzten sie die Gelegenheit und gingen in ein Café, um sich eine Weile auszuruhen.

»Also, als du sagtest, du kriegst ein Kind, und wir anfingen über Abtreibung zu reden, da wurde mir blitzartig klar, dass es gar nicht so einfach ist, wie ich immer gedacht habe. Natürlich haben Frauen das Recht, über ihren eigenen Körper zu bestimmen. Der Versuch der Kirche und reaktionärer Politiker Abtreibungen zu bestrafen, das ist nur der Versuch der Männer, die Sexualität der Frauen zu kontrollieren, und der führt zu viel Elend. Aber da es um dich geht ... und das ganz konkret, fing ich an nachzudenken, was ich in deiner Situation tun würde. Und da erkannte ich, dass es eine Menge gibt, wozu man Stellung beziehen muss, Fragen, bei denen ich mich unsicher fühle, und ich fand keine eindeutige Antwort.«

Maria schlürfte ihren Kaffee.

»Fall ich dir auf die Nerven? Dann sag's halt.«

»O nein, in meinem Kopf geht auch alles so durcheinander. Es ist fast erholsam, es von außen zu hören. Was meinst du, wozu du Stellung beziehen musst?«

»Na, mal abgesehen von diesen allgemeinen Fragen, ob es objektiv richtige Antworten auf moralische Fragen gibt, dachte ich ungefähr so: Ich bin ziemlich sicher, dass man normalerweise keinen Menschen umbringen darf, außer in Notwehr. Übrigens vielleicht auch keine Tiere – aber das ist eine andere Frage. Wenn wir also glauben, dass wir keinen Menschen umbringen dürfen, außer in Notwehr, ist dies dann so ein Fall? Eigentlich nicht: Das Kind würde dich ja nicht umbringen ... Du würdest vieles verpassen, was man normalerweise tut, bevor man eine Familie gründet, es würde anstrengend werden ... Aber nicht so anstrengend, dass du Jenny oder mich erschlagen dürftest, um allem zu entgehen. Also muss es so sein, dass ... was in dir ist ... kein Mensch ist. Wann wird man aber ein Mensch? Was heißt es, Mensch zu sein?«

»Wenn es ohne mich zurechtkommt. Vorher ist es kein eigenständiges Wesen.«

»Ein neugeborenes Kind kommt auch nicht allein zurecht, meine Großmutter im Pflegeheim auch nicht.«

»Es hat kein Bewusstsein, kann nicht denken oder etwas fühlen ...«

»Woher wissen wir das? Wir wissen ja nicht einmal, was es bedeutet zu denken ... oder zu fühlen.«

»Ich weiß aber, was ich fühle!«

»Trotzdem, ist es dasselbe wie zu wissen, was es *ist*, wenn man fühlt? Du weißt, dass du fühlst, sagst du. Aber weißt du auch, dass ich fühle? Und dass dieser Tisch *nichts* fühlt?«

Maria schnaubte, gleichzeitig war sie keineswegs sicher, ob es ihr gelungen war, ihm zu erklären, was sie mit »fühlen« meinte oder dass sie wusste, was Arvids Fragen bedeuteten.

»Schließlich bin ich bei dieser Frage hängen geblieben: Wie definiert man ›Mensch‹?«

»Warum?«

»Also, wenn wir sicher sind, dass wir nur in ganz besonderen Situationen Menschen umbringen dürfen, Abtreibung jedoch für richtig halten, dann glauben wir also, dass ein Fötus kein Mensch ist. Dann will ich aber wissen, wann man ein Mensch wird. Und um das zu wissen, fand ich, müsste ich wissen, was ein Mensch ist. Wir brauchen also eine Definition ...«

»Und zu welchem Schluss bist du gekommen?«

»Ich erinnere mich, was meine Grundschullehrerin mal gesagt hat: Das, was den Menschen vom Tier unterscheidet, ist die Vernunft. Aber ich finde, das taugt nichts, dann wären ja manche menschlicher als die anderen – Einstein zum Beispiel. Säuglinge und manche Zurückgebliebene wären keine Menschen, also … Ich weiß nicht … weiter bin ich nicht gekommen. – Na, jetzt haben die Bullen hoffentlich aufgegeben. Komm, wir gehen wieder raus und kleben Plakate.«

»Warum willst du wissen, wie man Definitionen macht?« Harald sprach ein wenig undeutlich und blinzelte Arvid mit geröteten Augen an.

»Ich möchte wissen, was jemanden … ein Etwas … zum Menschen macht. Und es sind ja wohl Definitionen, die besagen, was etwas zu dem macht, was es ist? Falls du verstehst, wie ich das meine.«

»Erst mal kann man wohl sagen, dass eine Definition notwendige und hinreichende Voraussetzungen angeben muss, um beurteilen zu können, ob etwas unter einen bestimmten Begriff fällt.«

»Notwendige und hinreichende Voraussetzungen?«

»Ja, welche Eigenschaften etwas haben muss, um ein Mensch zu sein, und welche Eigenschaften genügen, damit man sagen kann, dass jemand ein Mensch ist.«

»Warum genügt es nicht zu sagen, was notwendig ist?«

»Zusammen genommen sollten die Eigenschaften, die du aufzählst, ausreichend sein, dass jemand als Mensch gilt, aber jede für sich sind alle notwendig. Es ist doch eine Feststellung, dass alle Menschen Säugetiere sind, also ist es notwendig, dass jemand ein Säugetier ist, um ein Mensch zu sein. Aber wenn du zwischen Menschen und anderen Säugetieren unterscheidest, musst du etwas hinzufügen, was gerade Menschen ausmacht.«

»Und was ist das?«

»Das ist wirklich eine schwierige Frage. Früher glaubten Philosophen wie Platon und Aristoteles, dass Definitionen sehr informativ sind: Wenn man nur die korrekten Definitionen fand, hatte man wesentliches Wissen darüber erlangt, wie die Welt aufgebaut ist. Aristoteles dachte zum Beispiel, der ›Mensch‹ sollte als ›vernünftiges Lebewesen‹ definiert werden. Und auf der Grundlage dieser Definition baute er dann seine ganze Ethik auf.«

»Und wie?«

»Ein gutes Leben des Menschen war das, das mit seiner Natur in Übereinstimmung ist – also war ein Leben, das Vernunftaktivitäten wie Forschung und Philosophie gewidmet wurde, das Beste . . .«

»Aber wie ging es denen, die nicht so vernünftig waren?«

»Tja, die waren eben nicht ganz so menschlich wie die andern.«

»Sie waren also einfach schlechtere Menschen! Das klingt nicht gut. Kann man keine bessere Definition finden?«

»Doch, es gibt viele verschiedene Eigenschaften, die Menschen kennzeichnen, aber keine anderen Tiere.«

»Wie die, dass wir zum Beispiel unsere Artgenossen mit raffiniert konstruierten Werkzeugen töten können. Das können andere nicht. Folgt daraus, dass wir so viele wie möglich umbringen sollten, damit wir so menschlich wie möglich werden?«

»Nein, das ist keine wesentliche Eigenschaft, würde Aristoteles sagen. Deswegen ist es ja so wichtig, die korrekte Definition zu finden. Im Mittelalter entstand ein großer Streit über den Allgemeinbegriff Existenz . . .«

»Halt, worüber, sagst du, hat man sich gestritten?«

»Über den Allgemeinbegriff Existenz. Man war un-
eins, ob es über so etwas wie Kühe, Pferde und Vögel
hinaus vielleicht die eigentliche ›Pferdigkeit‹, die Eigenschaft, ein Pferd zu sein, gibt. Einige behaupteten, es
gäbe nur vereinzelte Pferde und Vögel, und dann erfan-
den wir Wörter für größere Gruppen von Sachen, die
unserer Meinung nach einander glichen. Andere meinten, wir hätten diese Kategorien in der Wirklichkeit entdeckt. Außer Lotte und Hotte und so weiter gab es noch
etwas, was Lotte und Hotte gerade zu Pferden machte.
Ich weiß nicht, ob ich das deutlicher erklären kann . . .«

Arvid schüttelte den Kopf.

»Was hat das alles mit Definitionen zu tun?«

»Fand man die richtigen Definitionen, dann hatte
man die Welt in die Kategorien aufgeteilt, die es tatsächlich gibt: Das setzt voraus, dass unsere Begriffe und
Definitionen sozusagen eine Ordnung widerspiegeln,
die es in der Wirklichkeit gibt. Andere fanden die Begriffe allzu abstrakt: Was es gibt, sind konkrete Sachen:
Bäume, Steine, Menschen. Aber nicht die Eigenschaft
›Baum‹.«

»Wenn ich dich richtig verstanden habe, glaubt man
heute gar nicht mehr daran, also lass das und erklär mir
lieber, wie man heute Definitionen macht!«

»Die meisten meinen vermutlich, dass man entweder
beschreibt, wie Wörter im normalen Sprachgebrauch
tatsächlich benutzt werden, oder man schlägt eine Art
vor, ein bestimmtes Wort zu benutzen. Entweder beschreibt man eine gewisse Konvention oder man führt
eine neue Konvention ein.«

»Aha. Hm. Ob eine Definition korrekt ist oder nicht,
ist also nur eine Frage der Übereinstimmung? Dann
kann es nicht so wichtig sein, wie ich geglaubt habe.«

»Warum hast du geglaubt, dass das so wichtig ist?«

»Ich hab gedacht, das könnte über die Frage entscheiden, ob eine Abtreibung richtig ist.«

»Wieso?«

»Wenn man Menschen nur in Notwehr umbringen darf, dann dürfte man, *falls* der Fötus ein Mensch wäre, eine Abtreibung nur in dem Fall vornehmen, dass das Leben der Mutter in Gefahr ist. Deswegen will ich wissen, wie man ›Mensch‹ definiert.«

»Das klingt ja fast, als wärst du auf eine aristotelische Wesensdefinition aus. Aber wie gesagt, daran glauben wir heutzutage nicht mehr. Oder besser gesagt, man tat es nicht, als ich in den Sechzigerjahren Philosophie studiert habe. Ich hab gehört, dass gewisse Allgemeinbegriffe und natürliche Klassifizierungen wiederkommen … Aber ich bin zu alt, um mir das alles merken zu können, ich halte mich an das, was ich in meiner Jugend gelernt habe. Damals war man der Ansicht, es sei eine Frage der Tauglichkeit. Eine gute Definition grenzt eine Gruppe von Erscheinungen ab, die interessante Eigenschaften gemeinsam haben, sodass man umfassende Theorien konstruieren kann. Bei der Definition muss darauf geachtet werden, dass genau diese Erscheinungen, die zusammengehören, und keine anderen unter denselben Begriff fallen.«

Arvid sah aus wie ein Fragezeichen, pickte sich aber das heraus, was er verstanden zu haben meinte.

»Tauglich? Wie definiert man dann tauglich ›Mensch‹?«

»So, dass die Theorien, die wir bereits haben, so gut wie möglich werden. Aber das hängt natürlich davon ab, für welche Art von Theorie wir uns interessieren. Ist es eine biologische Theorie, dann scheint es angebracht, sie mit einem Ausdruck wie Gen anzugehen. Ein Mensch ist der, der menschliche Gene hat. Aber jetzt geht es ja um ein moralisches Problem. Dann ist darauf zu achten, dass die Definition Normen vermittelt, die uns angemessen erscheinen.«

»Wenn ich es also für angemessen halte, dass man Menschen nicht tötet, trotzdem aber abtreiben will, dann müsste ich ›Mensch‹ so definieren, dass ein Fötus kein Mensch ist? Aber das Problem war doch, dass ich nicht wusste, welche Normen angemessen sind. Wie kriege ich das denn heraus?«

»Da musst du wohl über die Konsequenzen verschiedener Definitionen nachdenken.«

»Aber welche Konsequenzen sind wichtig? Wenn ich ›Mensch‹ so definiere, dass es den Fötus mit einschließt, dann bekommen die Normen ja bessere Konsequenzen für den Fötus. Schließe ich den Fötus aus, werden die Konsequenzen besser für die, die dann als Menschen zählen.«

»Das waren gescheite Gedanken! Ich weiß nicht, wie du das rausbekommen sollst. Du musst wohl die moralischen Fragen so gut wie möglich durchdenken, ohne das Gewicht auf die Definition ›Mensch‹ zu legen, und dann sehen, wie das mit den verschiedenen Auffassungen über Abtreibung zusammenpasst.«

Harald schien die Frage nicht mehr diskutieren zu wollen. Arvid hatte den Eindruck, dass er am liebsten in Ruhe gelassen werden wollte. Er war nicht zufrieden mit Haralds Antwort, stand jedoch auf und ging.

Auf dem Weg zurück zum Haus ließ er seinen Blick in die Villengärten schweifen. Konnte es eine Tauglichkeitsfrage sein, ob das, was er sah, wirklich ein Obstbaum war oder nicht? Klar, wenn man nicht gern Obst aß, gab es keinen Grund, Apfelbäume und Birnbäume zu bündeln und sie Obstbäume zu nennen. Ihm wurde klar, dass ein Schwein Eichen als Obstbäume betrachten würde, da es gern Eicheln frisst. Aber auf der anderen Seite war es ja wahr, dass Eichen Eicheln trugen, unabhängig davon, ob man sie essen wollte oder nicht. Es gab doch einen Unterschied zwischen Apfelbäumen und Eichen? Was hatte Harald noch über Eigenschaften gesagt: Eine gute Definition bündelte Sachen, die interessante Eigenschaften gemeinsam hatten. Aber wenn es keine Eigenschaften gab, was machte man dann?

Neuntes Kapitel, in dem einige Hausbesetzer nach dem Sinn des Lebens fragen

Die Sonne brannte auf Samuel, Jenny und Arvid herunter, die auf dem Dach des besetzten Hauses lagen und sich sonnten.

»Was ist eigentlich der Sinn von dem Ganzen?«, fragte Samuel.

»Von unserer Aktion?«, fragte Jenny.

»Nein, von allem, was es gibt. Hat das Leben einen Sinn?«

»Das erinnert mich an ein Buch, das mir mein Bruder mal gegeben hat«, sagte Jenny, »*Per Anhalter durch die Galaxis*. Dort fütterten sie einen Super-Computer mit der Frage nach dem Sinn des Lebens. Und nach $7\,1/2$ Millionen Jahren kam die Antwort: 42. Aber da konnten die Computer nicht mehr ausrechnen, was die Frage war.«

»Ja, genau, was ist die Frage? Was meinst du mit ›Sinn‹, Samuel?« Typisch, dass Arvid in Lachen ausbrach.

»Wir werden geboren, wir leben und wir sterben. Was ist der Sinn von dem Ganzen?«

»Hm, ich möchte wissen«, sagte Arvid, »ob du fragst, welchen Sinn es hat, dass es uns gibt, oder ob du fragst, was das Leben lebenswert macht.«

»Ich weiß nicht richtig, was ich meine«, brummte Samuel. Es kam vor, dass ihn sein älterer Bruder, der ihm häufig überlegen erschien, herausforderte.

»Wenn es dir um den Sinn des Lebens geht«, sagte Jenny, »muss man voraussetzen, dass es jemanden gibt, der eine Absicht verfolgt, Gott oder so. Und du glaubst doch wohl nicht daran, dass es Gott gibt?«

Samuel und Arvid sahen beide aus, als läge ihnen eine Antwort auf der Zunge, aber Arvid war ausnahmsweise der Erste:

»Ich weiß nicht recht, was ich glauben soll . . .«

»Ja, darauf hätte ich meinen Kopf verwettet! Aber ich kann weder an Gott glauben noch mir eine frei schwebende, von niemand ausgehende Absicht vorstellen«, sagte Jenny.

»Wir können unserem Leben aber doch selber eine Absicht, einen Sinn geben. Im Augenblick liegt der Sinn darin, dass wir diese Schnellstraße stoppen und dadurch dazu beitragen, die Erde zu einem bewohnbareren Planeten zu machen.«

»Schon, aber du bist ja nicht dazu geboren, den Autoverkehr zu verringern! Liegt ein Sinn allein darin, dass es uns gibt?«, beharrte Samuel.

»Durch die Aktion machen wir doch diesen Teil unseres Lebens sinnvoll. Es zielt darauf ab, den Bau dieser Schnellstraße zu verhindern!«

Samuel sah skeptisch aus.

»Eine Absicht, die ich meinem Leben gebe, kann ja alles Mögliche sein: Haus, dickes Bankkonto und dicker Wagen, Einwanderer aufs Maul schlagen oder Rockstar werden. Alles kann auf die Weise einen Sinn haben. Im Augenblick ist der Sinn meines Lebens, dass ich ein bisschen Sonnenbräune kriege.«

Arvid fand die Fragestellung interessant und richtete sich auf, um seinen Worten mehr Nachdruck zu verleihen.

»Man muss unterscheiden zwischen den Dingen, die man um ihrer selbst willen tut, und denen, die man tut, um etwas anderes zu erreichen – wie deine Sonnenbräune zum Beispiel. Die legst du dir ja nur zu, um mehr Chancen bei den Frauen zu haben. Aber die Mädchen willst du ja wohl um ihrer selbst willen?«

»Oder benutzt du sie nur, um sie zu genießen oder weil sie dein Ego aufbauen sollen?«, fragte Jenny. Sie hatte in den vergangenen Monaten mit einer gewissen Skepsis beobachtet, wie Samuel immer wieder mit neuen Mädchen auftauchte.

Samuel dachte nach.

»Wenn man verliebt ist ... und geliebt wird, dann scheint das Leben einen Sinn zu haben. Man ist auf der Welt, damit sie glücklich wird, man ist auf der Welt, weil sie es will. Aber wir können wohl nicht jeder für den andern der Sinn des Lebens sein, falls ihr versteht, was ich meine?«

»Jetzt verlegst du den Sinn des Lebens wieder außerhalb von dir selbst: Dich gibt es für etwas anderes. Aber ist das Leben an und für sich nicht sinnvoll, wenn du zum Beispiel glücklich bist?«, fragte Arvid. »Ich meine, vieles ist nicht besonders lustig, aber du tust es trotzdem, weil es zu etwas Gutem führt: Du putzt dir die Zähne, damit du keine Zahnschmerzen kriegst. Aber anderes tust du nur, weil es dir gefällt. Haben diese Dinge nicht ihren eigenen Sinn? Du tust sie, weil sie dich glücklich machen, Punktum. Glücklich zu sein ist gut, unglücklich zu sein ist schlecht. Wenn du etwas tust, damit es dir erspart bleibt, unglücklich zu sein – oder damit ein anderer nicht unglücklich wird –, dann ist die Handlung aus genau diesem Grund sinnvoll. Und wenn du glücklich bist wie gerade jetzt zum Beispiel, dann ist es sinnvoll, weil du glücklich bist.«

So leicht wollte sich Samuel nicht geschlagen geben, schon gar nicht in einer Diskussion mit seinem Bruder.

»Nein, das reicht nicht. Natürlich ziehe ich es vor, glücklich statt unglücklich zu sein.« Nach einer kleinen Pause fügte er hinzu: »Und ich versuche eher richtig als falsch zu handeln.« Samuel meinte einen Widerspruch in Arvids Gedankengängen entdeckt zu haben.

»Stell dir vor, ich wäre nicht froh das zu tun, was ich tun sollte … Es gibt etwas, das ich tun sollte, und etwas anderes, das mich glücklich machen würde. Wann ist mein Leben am sinnvollsten, wenn ich glücklich werde oder wenn ich das Richtige tue? Vielleicht würde es mir gefallen, ein erfolgreicher Rockstar zu werden. Ich hätte die Möglichkeit, mich selbst auszudrücken, würde gemocht werden und hätte reichlich Geld. Vielleicht sollte ich aber lieber Entwicklungshelfer in der Dritten Welt werden. Dann wäre ich von größerem Nutzen, aber das ganze Elend, das ich mit ansehen müsste, würde mich so deprimieren, dass mein Leben für mich wertlos wäre …«

Arvid dachte eine Weile mit gerunzelter Stirn nach. Samuel griff einen neuen Faden auf.

»Und stell dir vor, wenn es gar nichts gibt, was *wirklich* gut ist oder *wirklich* richtig. Dann hätte ich versucht das zu tun, was ich für richtig halte und hätte einiges erlebt, was ich für gut halte. Aber wenn es nicht wirklich gut war oder nicht wirklich richtig? Dann hätte ich zwar geglaubt, mein Leben sei sinnvoll gewesen, aber war es das wirklich?«

»Denk doch mal nach«, widersprach Arvid. »Stell dir vor, du bist glücklich gewesen und hast versucht das zu tun, von dem du meinst, dass du es tun solltest. Und dann erfährst du, dass du dich die ganze Zeit geirrt hast: Es ist nicht gut, glücklich zu sein, und der Versuch, die Erde bewohnbar zu machen, ist ganz falsch. Wäre dein Leben dann sinnlos?«

»Ja, scheint so.«

Arvid schüttelte zweifelnd den Kopf und sah aus, als wollte er neue Einwände machen. Stattdessen sagte er:

»Dann muss man versuchen herauszubekommen, was gut ist und was man tun sollte.«

»Und wie weiß man so was?«

»Ja, wie wissen wir überhaupt etwas.« Arvid war wieder bei den fundamentalen Fragen angekommen. »Normalerweise guckt man doch, wie es ist. Testet und macht Experimente. Aber funktioniert das auch, wenn es um solche Fragen geht? Ich weiß nicht. Es scheint nichts besonders Wichtiges zu geben, das man herausbekommen müsste. Bevor man leben kann, muss man herausfinden, worauf es hinausläuft. Wie man leben sollte, damit man richtig lebt.« Arvid kicherte, als ihm klar wurde, wie feierlich er redete.

»Auf was es hinausläuft?«, sagte Jenny zögernd. »Wir sind hier – reicht das nicht? Das Universum expandiert, Sterne werden geboren und vernichtet, in der Milchstraße fliegen Partikel herum und konzentrieren sich zu einem Planeten, auf dem Leben entsteht. Das Leben entwickelt sich, neue Lebensformen werden geschaffen. Lungenfische steigen an Land. Die Dinosaurier leben und sterben. Die Säugetiere entwickeln sich. Unsere Ahnen fangen an, auf den Hinterbeinen zu gehen und Werkzeuge herzustellen. Unsere Eltern begegnen sich und verlieben sich – deswegen gibt es uns. Brauchen wir noch mehr?«

»Es gibt eine Ursache dafür, dass es uns gibt. Vermutlich gibt es Ursachen dafür, dass wir manches mögen und anderes nicht. Muss es noch mehr geben: eine Absicht, einen Sinn, einen Wert ...? Reicht es nicht, dass es uns gibt, dass wir die Sonne sehen und die Wärme genießen können? Ist es nicht ziemlich natürlich, dass wir, die wir so abhängig vom Licht der Sonne sind, dagegen kämpfen, dass das Ozonloch noch größer wird und der Treibhauseffekt die Erde unbewohnbar macht? Wir gehören zu einem gigantischen Netzwerk aus Ursache und Wirkung, das sich Millionen Jahre in die Vorzeit erstreckt. Und wir haben Einfluss darauf, wie die Welt in Zukunft sein wird. Reicht das nicht?«

»Nein, das reicht nicht.« Samuel schüttelte energisch den Kopf. »Du sagst doch nur, wie es ist (wie wir glauben, dass es ist, fügte er hinzu, als er sah, wie Arvid die Stirn runzelte). Uns gibt es zufällig, weil ... Aber ich will den Sinn des Ganzen wissen. Ich will wissen, was ich aus meinem Leben machen soll, was ich tun sollte, nicht, was ich tun werde ... Wir müssen uns doch ständig entscheiden und wenn wir uns entscheiden, machen wir dann etwas anderes als vorauszusagen oder zu raten, wie wir handeln werden? Wir wollen doch einen Grund für das haben, was wir tun, einen guten Grund. Wir handeln so, *als ob* wir gute Gründe hätten, als ob wir wüssten, was gut und was schlecht ist. Aber wissen wir das?«

Arvid sah seinen Bruder aufmerksam und erstaunt an.

»Du willst also ganz einfach etwas genauer leben?«, fragte er.

Als die anderen von unten brüllten, die Suppe sei fertig, ließen sie sich vom Dach herunterrutschen.

Im Text genannte Philosophen und Bücher

ADAMS, DOUGLAS: *Per Anhalter durch die Galaxis*, Berlin [23]1997 (Kapitel 9)

ARISTOTELES: Auszüge in: Pieper, Annemarie (Hg.): *»Philosophie jetzt« – Aristoteles*, München 1995 (Kapitel 6 und 8)

BERKELEY, GEORGE: Auszüge in: Gawlick, Günter (Hg.): *Empirismus (Geschichte der Philosophie in Text und Darstellung, Bd. 4)*, Stuttgart 1991 (Kapitel 7)

BUTLER, JOSEPH: Auszüge in: Birnbacher, Dieter/Hoerster, Norbert (Hg.): *Texte zur Ethik*, München [9]1993 (Kapitel 3 und 6)

HUME, DAVID (1751): *Untersuchung über die Prinzipien der Moral*, Hamburg 1972 (Kapitel 3)

KANT, IMMANUEL (1785): *Grundlegung zur Metaphysik der Sitten*, in: Werkausgabe Bd. VII, Frankfurt [5]1980 (Kapitel 3) Auszüge in: Bubner, Rüdiger (Hg.): *Deutscher Idealismus (Geschichte der Philosophie in Text und Darstellung, Bd. 6)*, Stuttgart 1994 (Kapitel 7)

KIERKEGAARD, SØREN: Auszüge in: Groys, Boris (Hg.): *»Philosophie jetzt« – Kierkegaard*, München 1996 (Kapitel 3)

PLATON: *»Der Staat«*, in: *Sämtliche Werke, Bd. 2*, Reinbek 1994; Auszüge in: Ferber, Rafael (Hg.): *»Philosophie jetzt« – Platon*, München 1995 (Kapitel 6 und 8)

POPPER, KARL R. (1945): *Die offene Gesellschaft und ihre Feinde, Bd. 1*, München [5]1977 (Kapitel 6)

SARTRE, JEAN-PAUL (1938): *Der Ekel*, Reinbek 1981 (Kapitel 3)

SARTRE, JEAN-PAUL (1943): *Das Sein und das Nichts*, Auszüge in: Macho, Thomas (Hg.): *»Philosophie jetzt« – Sartre*, München 1995 (Kapitel 3)

SARTRE, JEAN-PAUL (1946): *Ist der Existentialismus ein Humanismus*, Zürich 1947 (Kapitel 3)

SOKRATES – ist uns nur indirekt durch die platonischen Dialoge überliefert (Kapitel 6 und 8)

SPINOZA, BARUCH DE (1677): *Die Ethik nach geometrischer Methode dargestellt*, Hamburg 1967 (Kapitel 3)

Lesetipps

Eine allgemeine, kurz gefasste und leicht verständliche Einführung in philosophische Fragen ist Thomas Nagels *Was bedeutet das alles?* (die genauen bibliografischen Angaben zu diesem und den folgenden Büchern finden sich im Literaturverzeichnis). Eine erste Orientierung über einzelne Philosophen und philosophische Problemstellungen kann man sich durch einen Blick in philosophische Lexika verschaffen. *Metzlers Philosophie Lexikon* oder das *Jugendlexikon Philosophie* enthalten Erläuterungen zu grundlegenden philosophischen Begriffen; *Metzlers Philosophen Lexikon* porträtiert die wichtigsten Philosophen. Ausführlichere Darstellungen bieten philosophiegeschichtliche Abrisse wie Bertrand Russells *Philosophie des Abendlandes*, Christoph Helferichs *Geschichte der Philosophie* oder das gleichnamige zweibändige Buch von Gunnar Skirbekk und Nils Gilje. Wilhelm Weischedels *Die philosophische Hintertreppe* und Konrad Paul Liessmanns *Die großen Philosophen und ihre Probleme* eignen sich ebenfalls gut als Einstiegslektüre. Das kleine philosophische Nachschlagewerk *Sofies Lexikon* von Otto A. Böhmer erzählt in 130 knappen Artikeln Wissens- und Staunenswertes über das Leben der großen Gelehrten und ihr philosophisches Gedankengut.

Rüdiger Bubner hat eine achtbändige *Geschichte der Philosophie in Text und Darstellung* herausgegeben, die die Problemstellungen der wichtigsten Philosophen von der Antike bis zum 20. Jahrhundert anhand von Quellentexten vermittelt. Die in der Reihe »*Philosophie jetzt*« erscheinenden Bände zu einzelnen Philosophen führen zunächst kurz in deren Biografie und Ideenwelt ein und bieten dann dazu eine exemplarische Auswahl an Texten des jeweiligen Philosophen, die mit hilfreichen Anmerkungen versehen sind (Titel sind in der Literaturliste aufgeführt).

Einige Verlage wie Beck, Junius oder Rowohlt haben Einführungsreihen bzw. Bildmonografien zu großen Denkern in ihrem Programm, die den Einstieg in das Werk eines Philosophen erleichtern.

Kapitel 1. Neben Problemen des Umweltschutzes denken Arvid und Maria hauptsächlich über Fragen nach, die Determinismus, Handlungsfreiheit und moralische Verantwortung berühren. Hierzu kann man die Artikel über Determinismus und Freiheit im *Lexikon der Ethik* und das Kapitel »Freiheit und Determination« (4.2.) in Annemarie Piepers *Einführung in die Ethik* nachlesen. Die Schwierigkeiten, Determinismus und Handlungsfreiheit miteinander zu vereinbaren, werden im Kapitel »Freier Wille« im eingangs genannten Buch von Nagel behandelt.

Kapitel 2 und 3 greifen Fragen auf, die zusammenhängen: Sind alle Menschen Egoisten und haben wir einen freien Willen? Der Gedanke, dass es jedem Menschen – bewusst oder unbewusst – in seinem Tun letztlich nur um sich selbst geht, nennt man psychologischen Egoismus. Viele Philosophen haben geglaubt, dass Menschen Egoisten sind, u. a. Thomas Hobbes und Baruch de Spinoza, die beide im 17. Jahrhundert gelebt haben. Bezeichnend für die Position von Hobbes ist seine berühmte These »Der Mensch ist des Menschen Wolf«. Sein wichtigstes Buch *Leviathan* erschien 1651, Spinozas Hauptwerk *Die Ethik nach geometrischer Methode dargestellt* 1677. Beide Bücher sind allerdings schwer zu lesen, auch weil sie vor langer Zeit geschrieben wurden.

In dem mit kurzen Einleitungen versehenen Quellenband *Texte zur Ethik*, der von Dieter Birnbacher und Norbert Hoerster herausgegeben wurde, sind Auszüge aus den Werken von Thomas Hobbes und Joseph Butler im Kapitel »Der ethische Egoismus« gegenübergestellt. Besonders empfehlenswert, da Joseph Butlers Widerlegung des psychologischen Egoismus in seinen *Fünfzehn Predigten über die menschliche Natur* (1726) nicht auf Deutsch erhältlich ist und der englische Originaltext wohl nur in philosophischen Fachbibliotheken zu finden sein wird.

Immanuel Kant ist einer der berühmtesten Philosophen überhaupt und wird selbstverständlich in Lexika und Philosophiegeschichten behandelt. Er legte seine Moralphilosophie 1785 in der *Grundlegung zur Metaphysik der Sitten* vor.

Einführungen zu Søren Kierkegaard bieten die Bücher *Kierkegaard für Anfänger* von Asa Schillinger-Kind und *Kierkegaard zur Einführung* von Konrad Paul Liessmann. Eine Textauswahl mit Einführung enthält der Band *Kierkegaard* aus der »*Philosophie jetzt*«-Reihe, den Boris Groys herausgegeben hat.

Im Roman *Der Ekel* stellt Jean-Paul Sartre einige seiner philosophischen Ideen in belletristischer Form dar. Das gilt auch für mehrere seiner Stücke, z. B. *Die schmutzigen Hände*.

Ist der Existentialismus ein Humanismus? ist ein kurzer Text, der den Existenzialismus in relativ leicht zugänglicher Form vorstellt. Eine Auswahl und Einführung zu Sartre findet man im Buch *Sartre* von Thomas H. Macho, u. a. auch Auszüge aus seinem Hauptwerk *Das Sein und das Nichts*.

Wie schon erwähnt, hat auch Nagel ein Kapitel über die Freiheit des Willens geschrieben.

Zur Frage nach den Gründen und Ursachen von Handlungen, die in Kapitel 1 und 3 diskutiert wird, finden sich in Friedo Rickens Buch *Allgemeine Ethik* – insbesondere im Kapitel »Der Begriff der moralischen Handlung« – weiterführende Informationen. Wer mit sprachanalytischen Positionen und formalisierter Sprache überhaupt nicht vertraut ist, liest am besten das Buch von Anfang an.

Kapitel 4. Einer der bemerkenswertesten Texte über den Tod ist Leo Tolstois *Der Tod des Iwan Iljitsch*. Einen philosophiegeschichtlichen Querschnitt zum Thema leistet Georg Scherers Buch *Das Problem des Todes in der Philosophie*. In Nagels Buch ist ebenfalls ein Kapitel über den Tod enthalten. Selbstmord wird ausführlich in A. Alvarez' *Der grausame Gott* thematisiert. Mit der Frage der persönlichen Identität befasst sich das Buch *Personen* von Robert Spaemann; die Lektüre ist allerdings keine einfache Angelegenheit. Dieses Thema beschäftigt aber nicht nur Philosophen. Erik H. Eriksons *Identität und*

Lebenszyklus betrachtet »Identität« z. B. aus einer entwicklungspsychologischen Perspektive.

Kapitel 5. Über Demokratie und zivilen Ungehorsam hat Peter Glotz Mitte der Achtzigerjahre vor dem Hintergrund der umstrittenen Nachrüstungsbeschlüsse einige kleine Aufsätze im Band *Ziviler Ungehorsam im Rechtsstaat* versammelt. Peter Singers Buch *Democracy and Disobedience* ist leider bislang noch nicht ins Deutsche übersetzt worden; passable Englischkenntnisse für dieses ansonsten gut lesbare Buch sind also Voraussetzung. *Das Prinzip Verantwortung* von Hans Jonas betont in Hinsicht auf umweltethische Aspekte die Verantwortung des Einzelnen für zukünftige Generationen. Die der Natur immanenten Zwecke und Werte zu erhalten und zu schützen, sieht er als eine moralische Forderung, praktisch als eine »Grundpflicht« des Menschen, an.

Kapitel 6. Alle Dialoge Platons sind in Übersetzungen erhältlich. Die These, dass die Intelligenten und gut Ausgebildeten die Führung übernehmen sollen, findet sich vor allem in seinem Hauptwerk *Der Staat*. Karl R. Popper greift diese Position Platons in *Die offene Gesellschaft und ihre Feinde, Bd. 1*, an. Die antidemokratische Haltung von Sokrates und Platon beleuchtet Isidor F. Stone in *Der Prozeß gegen Sokrates*.

Über die Sophisten Sokrates, Platon und Aristoteles kann man in Metzlers Philosophen-Lexikon nachlesen. Einführungen und Textauswahl bieten die Bücher *Aristoteles* von Annemarie Pieper und *Platon* von Rafael Ferber.

Zu abstrakteren Fragen der Moral (wie: Was meinen wir mit moralischen Aussagen? Können wir moralisches Wissen haben? Gibt es objektive wahre moralische Behauptungen?) ist neben dem bereits erwähnten Buch von Annemarie Pieper, *Einführung in die Ethik,* auch der kleine Band *Probleme der Ethik* von Ernst Tugendhat empfehlenswert.

Zur allgemeinen Wissenstheorie und Wissenschaftstheorie gibt es ebenfalls zahlreiche Einführungen. Die dreibändige *Einführung in die Wissenschaftstheorie* von Helmut Seiffert ist für Anfänger ebenso geeignet wie Albert Kellers *Allgemeine Erkenntnistheorie* oder der von Dagfinn Føllesdal, Lars Walløe und Jon Elster geschriebene Grundkurs in Argumentations- und Wissenschaftstheorie mit dem Titel *Rationale Argumentation*. Im oben genannten Buch von Thomas Nagel beschäftigt sich ein Kapitel auch mit Wissen.

Kapitel 7. Metaphysische Probleme werden u. a. von Thomas Nagel (das Bewusstsein anderer und das Verhältnis zwischen Körper und Seele) behandelt. Bertrand Russell setzt sich mit solchen Problemen auch in seinem kleinen Buch *Probleme der Philosophie* auseinander.

Von Berkeley und Kant findet man Textauszüge in den Bänden 4 bis 6 der *Geschichte der Philosophie in Text und Darstellung (Empirismus – Rationalismus – Deutscher Idealismus)*. Selbstverständlich werden verschiedene metaphysische Fragen in philosophiegeschichtlichen Darstellungen wie Russells *Philosophie des Abendlandes* behandelt. Johans Gedanke, dass alles, was es gibt, seine eigenen Erlebnisse sind, wird Solipsismus genannt (schlag dieses Wort im Philosophielexikon nach).

Kapitel 8. In Deutschland ist das Thema Abtreibung im Vergleich zu Schweden, das liberalere Regelungen hat, immer wieder politisch brisant. Entsprechende Argumente gegen das Verbot von Abtreibungen hat Norbert Hoerster in seinem Buch *Abtreibung im säkularen Staat* zusammengetragen. Eine entgegengesetzte Auffassung vertritt z. B. Robert Spaemann in seinem Aufsatz *Verantwortung für die Ungeborenen*.

Arvid deutet beiläufig an, dass wir vielleicht nicht das Recht haben, Tiere einfach so umzubringen. Über Tierethik ist in den letzten Jahren eine lebhafte Diskussion geführt worden. Der Klassiker auf diesem Gebiet und Bibel der Tierbefreiungsbewegung ist Peter Singers *Animal Liberation. Die Befreiung der Tiere*.

Über »Definitionen« kann man einen entsprechenden Artikel im *Jugendlexikon Philosophie* und im Band 1 der *Einführung in die Wissenschaftstheorie* nachlesen. Über den Streit über die Existenz von Allgemeinbegriffen kann man in Nachschlagewerken unter den Stichwörtern »Realismus«, »Nominalismus« oder »Universalienstreit« Informationen finden. Lies hierzu auch das 5. Kapitel über die Bedeutung der Wörter in Thomas Nagels Buch.

Kapitel 9. Thomas Nagel hat auch ein Kapitel über den Sinn des Lebens geschrieben. Gut lesbar ist ebenfalls der kurze Abschnitt »Der Mensch auf der Suche nach dem Sinn des Lebens« im Buch *Philosophische Gotteslehre* von Béla Weissmahr. Die Frage nach dem Sinn des Lebens ist vom Wissen um die eigene Sterblichkeit untrennbar. Albert Camus' radikaler Versuch über das Absurde, *Der Mythos des Sisyphos*, und Georg Scherers *Sinnerfahrung und Unsterblichkeit* eignen sich für eine Vertiefung des Themas. Ungeachtet der Tatsache, dass sie schon mehr als vier Jahrhunderte auf dem Buckel haben, sind einige der *Essais* von Montaigne auch heute noch eine uneingeschränkte Empfehlung zu diesem Thema wert (eine Auswahl gibt es preisgünstig als Taschenbuch).

Man sollte sich nicht auf diese Bücher verlassen. Ich habe sie nicht vorgeschlagen, weil sie korrekte Antworten auf die gestellten Fragen geben, sondern weil sie die Fragen so diskutieren, dass man ein tieferes Verständnis gewinnt. Hier und da findet sich vielleicht sogar eine richtige Antwort auf eine Frage. Aber das weiß ich nicht. Das heißt nicht, dass es keine wahren Antworten auf philosophische Fragen gibt. Ich glaube, es gibt sie. Philosophie ist kein Gebiet, auf dem man glauben kann, was man will. Philosophische Fragen sind keine Geschmacksfragen. Sie sind die wichtigsten und grundlegendsten Fragen, über die wir nachdenken können. Aber im Allgemeinen kennen wir die richtigen Antworten noch nicht.

Die meisten Bücher, die ich genannt habe, funktionieren ungefähr wie eine Homepage mit ›Links‹. Dort gibt es neue Tipps, über die man woanders mehr darüber lesen kann.

Apropos Homepage: Wenn du dir die Mühe machst, im Internet auf die Suche zu gehen, findest du bestimmt die eine oder andere Homepage von philosophischen Instituten, von denen man weitere Verbindungen zu anderen philosophisch interessanten Homepages und Datenbanken herstellen kann. Paul Tiedemanns Buch *Internet für Philosophen* kann dabei hilfreich sein.

Literatur

Adams, Douglas: *Per Anhalter durch die Galaxis*, Berlin ²³1997 (Ullstein)

Alvarez, A.: *Der grausame Gott*, Hamburg 1999 (Hoffmann & Campe)

Birnbacher, Dieter/Hoerster, Norbert (Hg.): *Texte zur Ethik*, München ⁹1993 (dtv)

Böhmer, Otto A.: *Sofies Lexikon*, München 1997 (Hanser)

Bubner, Rüdiger (Hg.): *Deutscher Idealismus (Geschichte der Philosophie in Text und Darstellung, Bd. 6)*, Stuttgart 1994 Reclam)

Butler, Joseph (1726): *Fifteen Sermons preached at the Rolls Chapel*, London 1964

Camus, Albert: *Der Mythos des Sisyphos*, Reinbek 1999 (Rowohlt; Neuübersetzung)

Delf, Hanna u. a. (Hg.): *Jugendlexikon Philosophie*, Reinbek 1988 (Rowohlt)

Erikson, Erik H.: *Identität und Lebenszyklus*, Frankfurt 1973 (Suhrkamp)

Ferber, Rafael (Hg.): *»Philosophie jetzt« – Platon*, München 1995 (Diederichs; als Taschenbuch bei dtv)

Føllesdal, Dagfinn/Walløe, Lars/Elster, Jon: *Rationale Argumentation*, Berlin 1986 (de Gruyter)

Gawlick, Günter (Hg.): *Empirismus (Geschichte der Philosophie in Text und Darstellung, Bd. 4; hg. von Rüdiger Bubner)*, Stuttgart 1991 (Reclam)

Glotz, Peter (Hg.): *Ziviler Ungehorsam im Rechtsstaat*, Frankfurt 1983 (Suhrkamp)

Groys, Boris (Hg.): *»Philosophie jetzt« – Kierkegaard*, München 1996 (Diederichs)

Helferich, Christoph: *Geschichte der Philosophie*, München 1998 (dtv)

Hobbes, Thomas (1651): *Leviathan*, Frankfurt ⁵1992 (Suhrkamp)

Hoerster, Norbert: *Abtreibung im säkularen Staat*, Frankfurt 1991 (Suhrkamp)

Höffe, Otfried (Hg.): *Lexikon der Ethik*, München [3]1986 (Beck)

Hume, David (1751): *Untersuchung über die Prinzipien der Moral*, Hamburg 1972 (Meiner)

Jonas, Hans: *Das Prinzip Verantwortung*, Frankfurt [3]1993 (Suhrkamp)

Kant, Immanuel (1785): *Grundlegung zur Metaphysik der Sitten*, in: Werkausgabe Bd. VII, Frankfurt [5]1980 (Suhrkamp)

Keller, Albert: *Allgemeine Erkenntnistheorie (= Grundkurs Philosophie, Bd. 2)* , Stuttgart 1982 (Kohlhammer)

Liessmann, Konrad Paul: *Kierkegaard zur Einführung*, Hamburg 1993 (Junius)

Liessmann, Konrad Paul: *Die großen Philosophen und ihre Probleme*, Wien 1998 (WUV)

Lutz, Bernd (Hg.): *Metzler Philosophen Lexikon*, Stuttgart 1989 (Metzler)

Macho, Thomas H. (Hg.): *»Philosophie jetzt«* – *Sartre*, München 1995 (Diederichs; als Taschenbuch bei dtv)

Montaigne, Michel de (1580): *Essais* (Auswahl), Stuttgart 1969 (Reclam)

Nagel, Thomas: *Was bedeutet das alles?*, Stuttgart 1990 (Reclam)

Pieper, Annemarie: *Einführung in die Ethik*, Tübingen [2]1991 (UTB)

Pieper, Annemarie (Hg.): *»Philosophie jetzt«* – *Aristoteles*, München 1995 (Diederichs; als Taschenbuch bei dtv)

Platon (Anfang 4. Jh. v. Chr.): *Sämtliche Werke, 4 Bde*, Reinbek 1994 (Rowohlt)

Popper, Karl R.: *Die offene Gesellschaft und ihre Feinde, Bd. 1*, München [5]1977 (Francke)

Prechtl, Peter/Burkhard, Franz-Peter (Hg.): *Metzler Philosophie Lexikon*, Stuttgart 1996 (Metzler)

Ricken, Friedo: *Allgemeine Ethik (= Grundkurs Philosophie, Bd. 4)*, Stuttgart 1983 (Kohlhammer)

Russell, Bertrand: *Philosophie des Abendlandes*, Wien [6]1992 (Europa)

Russell, Bertrand: *Probleme der Philosophie*, Frankfurt [7]1995 (Suhrkamp)

Sartre, Jean-Paul (1938): *Der Ekel*, Reinbek 1981 (Rowohlt)

Sartre, Jean-Paul (1946): *Ist der Existentialismus ein Humanismus*, Zürich 1947 (Europa)

Sartre, Jean-Paul (1948): *Die schmutzigen Hände*, in: Gesammelte Dramen, Reinbek 1980 (Rowohlt)

Scherer, Georg: *Das Problem des Todes in der Philosophie*, Darmstadt 1979 (WBG)

Scherer, Georg: *Sinnerfahrung und Unsterblichkeit*, Darmstadt 1985 (WBG)

Schillinger-Kind, Asa: *Kierkegaard für Anfänger*, München 1997 (dtv)

Seiffert, Helmut: *Einführung in die Wissenschaftstheorie, 3 Bde.*, München 1983/85 (Beck)

Singer, Peter: *Democracy and Disobedience*, Oxford 1973 (Oxford University Press)

Singer, Peter: *Animal Liberation. Die Befreiung der Tiere*, Reinbek 1996 (Rowohlt)

Skirbekk, Gunnar/Gilje, Nils: *Geschichte der Philosophie, 2 Bde.*, Frankfurt 1993 (Suhrkamp)

Spaemann, Robert: *»Verantwortung für die Ungeborenen«*, in: Schriftenreihe der Juristen-Vereinigung Lebensrecht e.V. Nr. 5, Köln 1988, S.13–30

Spaemann, Robert: *Personen. Versuch über den Unterschied von etwas und jemand*, Stuttgart 1996 (Klett-Cotta)

Specht, Rainer (Hg.): *Rationalismus (Geschichte der Philosophie in Text und Darstellung, Bd. 5; hg. von Rüdiger Bubner)*, Stuttgart 1990 (Reclam)

Spinoza, Baruch de (1677): *Die Ethik nach geometrischer Methode dargestellt*, Hamburg 1967 (Meiner)

Stone, Isidor F.: *Der Prozeß gegen Sokrates*, Wien 1990 (Zsolnay)

Tiedemann, Paul: *Internet für Philosophen*, Darmstadt 1997 (WBG)

Tolstoi, Leo: *Der Tod des Iwan Iljitsch*, Frankfurt 1988 (Insel)

Tugendhat, Ernst: *Probleme der Ethik*, Stuttgart 1984 (Reclam)

Weischedel, Wilhelm: *Die philosophische Hintertreppe*, München [14]1986 (dtv)

Weissmahr, Béla: *Philosophische Gotteslehre (= Grundkurs Philosophie, Bd. 5)*, Stuttgart 1983 (Kohlhammer)

Peter Pohl & Kinna Gieth
Du fehlst mir, du fehlst mir!

Reihe Hanser   d̲tv̲ 62012

Cilla und Tina sind Zwillingsschwestern und unzertrenn-
lich. Jede freie Minute verbringen sie zusammen. Kurz vor
ihrem vierzehnten Geburtstag passiert das Schreckliche. Die
beiden rennen dem wartenden Schulbus hinterher, es gibt
einen riesigen Knall – und Cilla liegt leblos auf der Straße.
Noch am gleichen Tag stirbt sie im Krankenhaus an den Folgen. Tina versteht nicht, was der Tod ihrer Schwester für sie
bedeutet. Sie guckt in den Spiegel, sieht ihre Schwester und
redet mit ihr. Tina hat Angst, verrückt zu werden. Ganz
langsam beginnt Tina, ihren Weg alleine zu gehen.

Susanna Partsch
Haus der Kunst
Ein Gang durch die Kunstgeschichte
von der Höhlenmalerei bis zum Graffiti

Reihe Hanser <u>dtv</u> 62014

Der Plan zeigt den Grundriß des Gebäudes – ein virtueller Gang durchs Museum: 16 aufeinanderfolgende Säle mit über 200 Kunstwerken aus Epochen der europäischen Kunstgeschichte. Künstlerbiografien, erläuternde Skizzen und Karten sowie Bildlegenden zu den Kunstwerken können besichtigt werden. Die Reihenfolge bestimmt der Leser selbst. Viele Rätsel der Kunst werden gelöst: Wie wurden die riesigen Marmorblöcke für die Tempel transportiert?